ことばの
データ
サイエンス

小林雄一郎 [著]

An Introduction
to
Data Science
for
Linguistics

朝倉書店

は じ め に

■— ことばのデータサイエンス

　情報化時代といわれる現代において，**データマイニング**の技術が大きな関心を集めています。データマイニングは，情報学や統計学の技術を用いて，大規模なデータから有益な知識を効率よく発見する理論および技術の総称です[*1]。

　2010 年代に入ってからは，**ビッグデータ**や**データサイエンス**という用語が頻繁に使われるようになり，学術書や研究論文のみならず，一般書やビジネス雑誌でそれらの用語を見かけることも多くなってきました。このような流れの中で，**テキストマイニング**という技術も大きな注目を集めるようになりました。

　テキストマイニングは，**テキストアナリティクス**とも呼ばれ，テキスト（言語データ）を対象とするデータマイニングのことです。テキストマイニングは，大量の言語データを解析し，データの背後に潜む有益な情報を探し出すことを主な目的としています。具体的には，テキストにおけるキーワードの抽出，特定のキーワードと共起する語句の特定，テキストの自動分類などに活用されることが多いです。

　そして，「ことばのデータサイエンス」という本書のタイトルは，テキストマイニングやテキストアナリティクスのように言語を対象とするデータサイエンスという意味を持っています。

[*1] データマイニングの「マイニング（mining）」は，「掘り出す」という意味を持つ "mine" という動詞の現在分詞です。つまり，データマイニングは，鉱山から鉱石を掘り出すように，データの山から何らかの知見を掘り出すイメージです。

本書の特色

本書は，計量的な言語研究の入門書です。具体的には，コンピュータや統計学を用いた言語研究の方法を解説し，実際の言語データの解析事例を多く紹介します。しかし，言語学や文学の研究者以外の方々，一般の方々にも読んで頂けるように，できるだけわかりやすい分析事例を取り上げ，専門用語などには註釈をつけています。また，主に文系の読者を想定し，統計処理の方法を解説する部分で，四則演算（足し算，引き算，掛け算，割り算）などによる簡単な計算式を超える内容に関しては，イメージ図や言葉で説明しています[2]。

なお，本書は，特定のソフトウェアのハウツー本ではありません。したがって，本書で紹介されている処理を読者が実際に行う際は，別途ソフトウェアのマニュアルや参考書を参照する必要があります[3]。ただ，読者の便宜を考慮し，本文や註釈などで，本書執筆時点でおすすめのソフトウェアなどを積極的に紹介しています[4]。

本書をきっかけに，計量的な言語研究に興味を持って頂ければ幸いです。

2019 年 8 月

小林　雄一郎

---

[2] 原則として，第 7 章までは計算式を示していますが，多変量解析を扱う第 8 章以降ではイメージ図と言葉による説明が多くなっています。

[3] 本書を特定のソフトウェアのハウツー本にしなかったのは，特定のソフトウェアに依存した研究では，そのソフトウェアの限界が研究そのものの限界となり得るからです。また，ハウツー本はすでに多く出版されている上，操作方法などの説明が数年で古くなってしまう場合もあるからです。

[4] 紹介しているソフトウェアの中には，最新の OS に対応していないものや，特定の OS のみに対応しているものがあります。また，ウェブサイトの URL やスクリーンキャプチャは本書執筆時点のものであり，今後変更されることもあり得ます。

目　　　次

第 1 章　ことばのデータを集める　　　　　　　　　　　　　　1

1.1　データ設計 ……………………………………………………… 1

- ■ データの重要性　1
- ■ データの代表性　2
- ■ データのサンプリング　4
- ■ コーパスの種類　6
- ■ アノテーション　8

1.2　データ収集 ……………………………………………………… 8

- ■ テキストの電子化　8
- ■ 電子的なテキストの収集　10
- ■ スクレイピング　11
- ■ データの量と質　13
- ■ 著作権　14

1.3　データ管理 ……………………………………………………… 15

- ■ ファイル形式　15
- ■ 文字コード　16
- ■ ファイル名とフォルダ構造　16

1.4　テキスト整形 …………………………………………………… 18

- ■ 表記ゆれの修正　18
- ■ 正規表現　19

第2章 ことばを数える 22

2.1 自然言語処理 22

- 形態素解析 22
- 構文解析 27
- 意味解析 29
- その他の解析 33

2.2 頻度集計 34

- 単 語 34
- 共起語 37
- n-gram 38

第3章 データの概要を調べる 40

3.1 総語数・異語数 40

3.2 語彙の多様性 41

3.3 単純頻度・相対頻度 42

3.4 平 均 値 44

3.5 最大値・最小値・範囲 45

3.6 分散・標準偏差 47

3.7 中 央 値 48

3.8 四分位偏差 50

第4章 データを可視化する 56

4.1 ヒストグラム 56

4.2 箱 ひ げ 図 59

4.3 折れ線グラフ 61

4.4 円グラフ・帯グラフ 63

4.5 モザイクプロット 65

4.6 散 布 図 66

4.7 ワードクラウド・棒グラフ 69

4.8 共起ネットワーク 71

目　　次　　　　　　　v

第5章　データの違いを検証する　　73

5.1　仮　説　検　定　　73

■ 推測統計学　73

■ 帰無仮説と対立仮説　74

■ χ^2 検定　76

5.2　効　果　量　　83

■ 検定とサンプルサイズ　83

■ オッズ比　85

■ ϕ 係数　86

■ Cramér の V　86

第6章　データの特徴を抽出する　　88

6.1　特徴語抽出　　88

■ 複数のデータにおける単語の頻度比較　88

■ 差異係数による特徴語抽出　89

■ 仮説検定による特徴語抽出　90

■ 効果量による特徴語抽出　93

6.2　z スコア　　96

6.3　TF-IDF　　99

第7章　データの結びつきの強さを測る　　101

7.1　共　起　頻　度　　101

■ 共起頻度の集計　101

■ 共起頻度の限界　102

7.2　共　起　強　度　　104

■ ダイス係数　104

■ 相互情報量　105

7.3　共起有意性　　106

■ 対数尤度比　106

■ T スコア　108

vi 目 次

7.4 共起ネットワーク ………………………………………… 109

第8章 データの変化を見る 112

8.1 単回帰分析 ……………………………………………… 112

　■ 機械学習　112

　■ 線形単回帰分析　114

8.2 線形重回帰分析 ………………………………………… 117

第9章 データを分類する 124

9.1 線形判別分析 …………………………………………… 124

9.2 決 定 木 ……………………………………………… 128

9.3 ランダムフォレスト …………………………………… 132

第10章 データをグループ化する 138

10.1 クラスター分析 ………………………………………… 138

10.2 対 応 分 析 …………………………………………… 142

10.3 トピックモデル ………………………………………… 148

おわりに ……………………………………………………… 154

参考文献 ……………………………………………………… 156

索　　引 ……………………………………………………… 163

目　次　vii

コラム

- コーパスの定義 3
- テキストアーカイブ 10
- インターネットからのデータ収集 12
- 短単位と長単位 25
- Zipf の法則 35
- ベストセラーに共通する要素 55
- クチコミ分析 72
- 多重比較 82
- 対　数 93
- 単語と文法・構文・意味の共起 111
- 相関係数 119
- リーダビリティ 123
- 犯罪捜査における言語分析 128
- 判定精度の評価指標 136
- 系統樹 147
- word2vec 153

第 1 章

ことばのデータを集める

　本章では，言語研究を行うためのデータの設計・収集・管理・前処理について説明します[*1]。データの質は，分析結果に大きく影響します。データサイエンスでは，華やかなデータ解析手法や高度なプログラミング技術に注意を向けがちですが，きちんとしたデータを集めることが最も大切です。

1.1　データ設計

データの重要性

　いうまでもなく，計量的な言語研究を行うためには，分析対象となる言語データが必要となります。そして，分析対象とするデータの質は，分析結果に大きく影響します。言語データに限らず，何らかのデータを分析する場合，華やかなデータ解析手法や高度なプログラミング技術に注意を向けがちですが，きちんとしたデータを集めることこそが最も大切なことです。実際，コンピュータの世界では，"garbage in, garbage out"（ゴミを入れればゴミが出てくる＝ダメなデータからはダメな結果しか得られない）という言葉がよく知られています。

　データの重要性について，林知己夫は，著書『データの科学』の中で以下のように述べています。非常に重要な指摘ですので，少し長めに引用します。

　　統計学は発達し，次第に形式化され，数理的に精密化されるに従って現実の必要性（要望）から遊離し始め形骸化し始めた。［中略］データは「そこにある」ものとして取り扱われ，データをとることが軽視されるか，決ま

[*1] 本章の一部は，拙著『Rによるやさしいテキストマイニング』（小林，2017a）の内容を加筆修正したものです。

ったモデルに沿ってデータをとることが妥当な目的達成のための方法という「本質をゆがめる」ようなことも現れてきた。（林，2001，pp. i-ii）

私は，現象解析はいかにあるべきか，をこれまで追求してきた。取り扱う対象が主として社会・人文科学，医学，生態学であったため，データをとることの重要性は肝に銘じていた。「そのための計画・工夫は重要な一つの柱であってこれなくしてはデータの分析はない」，「また分析に当たっても，こみいった複雑な関連性をもち［中略］，曖昧な性格や構造をもつ［中略］データをいかに取り扱って情報を取り出していくかという方法論，戦略が不可欠となる」という思いを強くもっていた。（林，2001，p. ii）

現在，研究者や研究機関が集めた人文科学や社会科学のための言語データがウェブなどで数多く公開され，それらのデータを分析するためのツールも整備されています。また，ウェブ上には膨大な言語データが蓄積されており，ウェブデータを（半）自動的に収集するプログラムやソフトウェアも存在します。このような状況において，すでに他の研究者や研究機関が提供しているデータを「そこにある」ものとして取り扱い，そのデータの本来の使用目的と大きく異なる目的で用いている事例も散見されます。いうまでもなく，データとは，個々の研究の目的に合わせて集めるものです。もちろん，他人の作ったデータを使ってはいけないという訳ではありませんが，自分の研究目的に合ったデータを使う必要があります。

データの代表性

分析データを設計するにあたっては，まず，分析対象の**母集団**を想定します。たとえば，村上春樹の文体を分析したいのであれば，母集団は，彼の全著作ということになります。また，特定の商品に関するインターネット上の評判に関心があるのならば，母集団は，その商品について書かれたすべてのブログやツイート，掲示板の書き込みなどです。そして，現代日本語について研究したい場合は，現代日本におけるすべての日本語を母集団とします。これらの例から推測できるように，母集団が具体的な小規模なものであるほど，データの設計と収集は容易になります。逆に，「現代日本におけるすべての日本語」のように

1.1 データ設計　　3

抽象的で大規模な母集団を想定する場合は,「現代」とは一体いつからいつまでなのか,「日本における」日本語には日本に住む外国人が書いた（もしくは話した）ものも含まれるのか,「すべての日本語」には出版物として刊行されたものだけではなく日常会話なども含むのかなど,非常に多くの点を明確に定義する必要が生じます。さらに問題となるのは,定義した母集団に含まれるデータのすべてを入手できるとは限らないということです（たとえば,2018 年 1 月 1 日に東京都内で発話されたすべての日常会話や独り言を収集するのは,事実上不可能でしょう）。そこで,実際のデータ解析では,「現代書籍すべて」ではなく「出版目録に記載されている 2000 年以降の書籍すべて」,あるいは,「商品 X に関するクチコミすべて」ではなく「2018 年 1 月 1 日から 12 月 31 日における『商品 X』という文字列を含むツイートすべて」のように,より現実的な母集団を定義することも多いです。

　そして,言語研究では,以上のように具体的な設計基準に基づいて収集されたテキストデータの総体を**コーパス**と呼びます。また,作成したコーパスが母集団の特性をよく反映している場合,「そのコーパスは**代表性**を持っている」と表現されます。

　実際の分析では,主に時間的・金銭的な制約から,すでに手許にあるデータのみを用いた分析を行うこともあるでしょう。しかしながら,原則として,データは分析の目的に合わせて作るものであるということを忘れてはいけません。

コラム

🔍 コーパスの定義

　「コーパス」という単語は,元々は「身体」を意味するものでしたが,次第に意味が拡張されて,作家などの「全集」を表すようになり,さらには,言語学の専門用語として,各種の「言語データベース」を指すようになりました（石川,2012）。また,コーパスを用いて言語を計量的に分析する研究を**コーパス言語学**と呼ぶようになりました。

　コーパスの定義は研究者によって若干異なりますが,一般的に,機械可読性,真正性,代表性,という 3 つの特性を持つといわれています（McEnery, Xiao, & Tono, 2006）。まず,機械可読性とは,紙媒体の資料ではなく,コンピュータ上で処理可能な形式で保存されているということです。また,真正性とは,言語

学者などが作った例文ではなく，現実世界で実際に書かれたり話されたりした言語を収録しているということです。そして，代表性とは，前段で述べたように，分析対象として想定している母集団の特性をよく反映しているということです。

コーパスと類似する言語データベースとして，**テキストアーカイブ**があります。ただ，テキストアーカイブは，代表性などの特性を持つコーパスと異なり，明確な設計基準を持たない場合があります（テキストアーカイブについては，p.10のコラム「テキストアーカイブ」も参照）。ちなみに，明確な設計基準を持つデータを「狭義のコーパス」，明確な設計基準を持たないテキストデータを「広義のコーパス」とする場合もあります（言語処理学会，2009）。

データのサンプリング

もし自分の研究で想定した母集団が具体的かつ小規模なものであるならば，可能な限り，すべてのデータを入手しましょう。たとえば，「村上春樹が出版した小説」や「2018年の朝日新聞の社説」のような母集団を想定した場合，それらの母集団に含まれるすべてのデータを集めることは，それほど大変ではありません。

しかし，母集団が大きなものである場合，そのすべてを集めることは難しく，一部を**サンプリング**（標本抽出）することになります。一般的に，母集団すべてを調査対象とすることを**全数調査**もしくは**悉皆調査**といい，母集団の一部のみを調査対象とすることを**標本調査**といいます。標本調査では，まず母集団の特性をできるだけ再現できるような形でサンプリングを行い，そうしてできた標本を分析することで，本来その調査で明らかにしたい母集団の特性を推定します。図1.1は，このような母集団と標本の関係を可視化したものです。

最もシンプルなサンプリング方法として，**単純無作為抽出法**があります。これは，サイコロや乱数を使って，母集団からランダムに標本を抜き出す方法です。たとえば，1行に1つのテキストが記載されている形式の10000行のリストから100種類のテキストを選ぶには，コンピュータで乱数を100個発生させて，得られた数値に対応する行にあるテキストを抜き出すなどの方法をとりま

1.1 データ設計

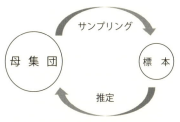

図 1.1 母集団と標本の関係

す[2]。

　また，より発展的な抽出方法として，**層化無作為抽出法**があります。これは，あらかじめ母集団をいくつかのサブグループに分割し，個々のサブグループごとに無作為抽出を行う方法です[3]。イメージとしては，ある歌手がこれまでに発表したすべてのオリジナルアルバム（母集団）からサンプリングを行うにあたって，個々のアルバム（サブグループ）から無作為に2曲ずつサンプリングするといった手順となります。この際，必ずしもすべてのアルバムから同じ数をサンプリングしなければならない訳ではありません。10曲入りのアルバムからは2曲，15曲入りのアルバムからは3曲といったように，サブグループの大きさに比例した数をサンプリングするという方法もあります。これを**比例配分法**といいます。図1.2は，比例配分法を用いた層化無作為抽出法のイメージです。

図 1.2 比例配分法を用いた層化無作為抽出法のイメージ

　層化無作為抽出法を用いる場合，何をサブグループと見なすか，個々のサブ

---
[2] 乱数の生成は，Excel の RANDBETWEEN 関数など，様々な方法で行うことが可能です。
[3] コーパス内のサブグループをサブコーパスと呼ぶこともあります。

グループからサンプリングする数をいくつにするかなどによって，最終的な分析結果が変わる可能性があります。しかし，自分の分析計画に応じて，適切なサブグループを定義すれば，単純無作為抽出よりも信頼性の高い分析結果を得られるでしょう。他にも様々なサンプリング方法がありますが，言語研究のためのコーパス構築では，層化無作為抽出法が最も一般的に用いられています。具体的には，書き言葉のコーパスを構築する際に，「書籍」や「新聞記事」といったジャンル（サブグループ）ごとのデータ収集が行われます（「書籍」をさらに「フィクション」と「ノンフィクション」などに分けたり，「新聞記事」をさらに「ニュース」と「社説」などに分けたりすることもあります）。

コーパス設計における代表性とサンプリングについては，"Representativeness in corpus design"（Biber, 1993）という論文に詳しく説明されています。

コーパスの種類

コーパスを用いて言語研究を行うコーパス言語学の分野では，データの利用目的や特性によってコーパスを分類しています。コーパスの分類方法は研究者によって若干異なりますが，大まかに以下のような分類がなされています（齊藤・中村・赤野，2005）。

第一に，**サンプルコーパスとモニターコーパス**の区別があります。サンプルコーパスとは，明確な設計基準に基づいてテキストを一定量収集したコーパスです。代表的なサンプルコーパスとしては，イギリス英語を1億語集めたBNC（British National Corpus）[4] などがあります。一方，モニターコーパスでは，言語の経年変化を観察する目的で，古いデータは捨てられ，新しいデータが追加されます。代表的なモニターコーパスには，主に英語辞書編纂のために構築されたBoE（Bank of English）[5] などがあります。

第二に，**汎用目的コーパスと特殊目的コーパス**の区別があります。汎用目的コーパスとは，特定の研究目的のために構築されたものではなく，多様な言語研究で用いられることを想定したコーパスです。代表的な汎用目的コーパスと

---

[4] http://www.natcorp.ox.ac.uk/
[5] https://en.wikipedia.org/wiki/Bank_of_English

1.1 データ設計

しては，前述の BNC や，1 億 430 万語の現代日本語書き言葉を集めた BCCWJ（Balanced Corpus of Contemporary Written Japanese：現代日本語書き言葉均衡コーパス）[6] などがあります。一方，特殊目的コーパスは，特定のジャンル，方言，使用場面などにおける言語使用を分析する目的で作られたものです。一般的に，既存の汎用目的コーパスでは十分に明らかにできない言語現象を観察するために，特殊目的コーパスが編纂されます。

　第三に，**共時的コーパス**と**通時的コーパス**の区別があります。共時的コーパスとは，特定の時代の言語データをサンプリングしたコーパスです。代表的な共時的コーパスとしては，1990 年代のアメリカ英語の書き言葉を集めた Frown（Freiburg-Brown Corpus of American English）[7]，1990 年代のイギリス英語の書き言葉を集めた FLOB（Freiburg-LOB Corpus of British English）[8] などがあります。一方，通時的コーパスとは，言語データの時系列分析を目的として，各時代区分からサンプリングを行ったコーパスです。代表的な共時的コーパスとしては，COHA（Corpus of Historical American English）[9] や CHJ（Corpus of Historical Japanese：日本語歴史コーパス）[10] などがあります。

　第四に，**書き言葉コーパス**と**話し言葉コーパス**の区別があります。書き言葉コーパスとは，小説や新聞のような書かれたテキストを集めたものです。一方，話し言葉コーパスは，講演などのモノローグ（1 人での発話）やインタビューなどの会話を集めたものです。話し言葉の収集は，書き言葉の収集と比べて，非常に多くのコストがかかります。したがって，既存のコーパスの大半は，書き言葉コーパスとなっています[11]。なお，代表的な話し言葉コーパスとしては，CSJ（Corpus of Spontaneous Japanese：日本語話し言葉コーパス）[12] などがあります[13]。

---

[6] http://pj.ninjal.ac.jp/corpus_center/bccwj/

[7] http://clu.uni.no/icame/manuals/FROWN/INDEX.HTM

[8] http://clu.uni.no/icame/manuals/FLOB/INDEX.HTM

[9] https://corpus.byu.edu/coha/

[10] http://pj.ninjal.ac.jp/corpus_center/chj/

[11] BNC のように，書き言葉と話し言葉の両方を収録しているコーパスもあります。

[12] http://pj.ninjal.ac.jp/corpus_center/csj/

[13] 話し言葉コーパスには，話し言葉をテキストに書き起こしたものと，話し言葉を音声や動画などで記録したものがあります。

8 第1章 ことばのデータを集める

　前述のように，上記の区別以外にも様々な分類方法が提起されていますが，紙面の都合上，ここでは割愛します。コーパス分類方法の詳細や，主要なコーパスについて関心のある方は，コーパス言語学の教科書（e.g., 石川，2012；齊藤・中村・赤野，2005）を参照してください。

■─ アノテーション

　前項で紹介したようなコーパスの分類とは別に，コーパスに収録されているテキストに言語情報が付与されているかどうかでコーパスを区別することもあります。コーパスに付与される言語情報は多種多様ですが，たとえば，「名詞」や「動詞」のような品詞，単語同士の修飾関係，「喜び」や「悲しみ」のような意味などの情報が付与されます。また，コーパスに言語情報を付与することを**アノテーション**といいます[14]。

　そして，言語情報が付与されたコーパスを**言語情報つきコーパス**や**タグつきコーパス**などと呼びます。一方，句読点や段落といった最低限の情報しか持っていないテキストからなるコーパスを**プレーンテキストコーパス**と呼びます。言語情報の付与については，2.1節で詳しく説明します。

■ 1.2　データ収集

■─ テキストの電子化

　前節では，データ収集に関する理論的な枠組みを説明しましたが，本節では，具体的なデータ収集の手順について説明します。最初は，電子化された（コンピュータ上で処理可能な）テキストデータの収集方法を紹介します。

　まず，テキストを電子化するための最も単純な方法として，キーボードによる直接入力が挙げられます。いうまでもなく，この方法には非常に大きな労力がともないます。しかしながら，現代語では使われていないような文字や記号を使っていたり，くずし字で書かれていたりするような昔の写本など，自動的な電子化が難しいテキストを扱う場合は，手作業で電子化する必要があるかも

---

[14]「アノテーション（annotation）」は，「註釈をつけること」という意味です。

しれません。手作業による電子化にはミスがつきものですので，複数人によるダブルチェックなどの確認作業を行うのが一般的です。

そして，スキャナと**光学文字認識**（optical character recognition：OCR）ソフトウェアを用いて，テキストを電子化することもできます。光学文字認識の精度も完璧ではなく，手作業による修正が必要となります。しかし，多くの場合，手作業のみでコンピュータに入力するよりも早く作業を終えることができます。現在，数多くの光学文字認識ソフトウェアが販売されていますが，標準的な日本語や英語のテキストが対象であれば，スキャナに付属しているソフトウェアでも十分な性能を発揮します。また最近は，Google Drive を使って，オンラインで文字認識をすることも可能です[15]。

話し言葉の音声をテキストに書き起こす場合は，IBM Watson の**音声認識**などを使用することができます。図 1.3 は，IBM Watson の Speech to Text のウェブサイト[16]です。Speech to Text は，ディープラーニング[17]による音声認識を利用できる便利な機能です。

図 1.3 IBM Watson の Speech to Text

Google Drive や Speech to Text の仕様や使い方については，最新の情報を

---

[15] https://support.google.com/drive/answer/176692
[16] https://www.ibm.com/watson/jp-ja/developercloud/speech-to-text.html
[17] ディープラーニングは，大量のデータを用いて，データの特徴を自動的に発見したり，データを自動でカテゴリー別に分類したりする手法です（Patterson & Gibson, 2017）。近年，自動運転車の障害物センサー，プロ棋士と対戦する将棋ソフトなど，幅広い分野で活用されています。

インターネットなどで検索してください。

電子的なテキストの収集

コーパスを構築するにあたって，最初から電子化された形式でデータを集めることができれば，作業を効率化することができます。たとえば，図 1.4 のように，Google フォーム[*18]を使って，自由記述式のアンケートを実施することが可能です。また，Word や Excel で作ったアンケートをメールの添付ファイルなどで送ってもらうこともできるかもしれません。図 1.4 は，Google フォームによるアンケートの作成例です。

図 1.4　Google フォームによるアンケートの作成例

しかし，インターネット上でデータを収集する場合は，何らかの理由でインターネットにアクセスできない人やコンピュータを使うことができない人が自動的に調査対象から除外されるために，紙媒体の調査を行った場合と結果が異なる可能性があることに注意しましょう。

---- コラム ----

🔍 テキストアーカイブ

インターネット上には，様々なテキストを集めたテキストアーカイブがあり，そこからテキストをダウンロードすることで，計量的なテキスト分析を簡単に体

[*18] https://www.google.com/intl/ja_jp/forms/about/

験することができます。たとえば，言語研究や文学研究をする人であれば，青空
文庫[19]（日本語）や Project Gutenberg[20]（英語）から著作権の切れた文学作品
のテキストを入手することができます。また，省庁や地方自治体が発行している
白書や報告書，首相官邸が公開している内閣総理大臣の演説などを使って，社会
学や政治学に関する実証的研究を行うことも可能です。その他，インターネット
上には，ニュース記事，映画のスクリプト，研究論文など，多種多様なテキスト
データが存在します。自分の興味や関心に合わせて，インターネット上で色々と
探してみましょう。無償で公開されているデータと有償で公開されているデータ
がありますが，著作権に十分に配慮して利用してください。

■─ スクレイピング

現在，インターネット上には，膨大な量のテキストが存在しています。2008
年の時点で，Google が把握しているウェブページの数は 1 兆を超えており[21]，
2015 年の時点で，Twitter には 1 分間で約 35 万ものツイートが投稿されていま
した[22]。このような言語のビッグデータは，言語研究者にとって，まさに宝の
山といえるでしょう。しかし，大量のテキストデータを手作業で収集するのは
困難であるため，プログラムでデータ収集を自動化します。データの自動収集
にあたっては，任意のウェブサイトから情報を抜き出す**スクレイピング**という
技術（p.12 のコラム参照）や，プログラムがウェブサイトを定期的に巡回して
情報をダウンロードする**クローリング**という技術が用いられます。

通常，スクレイピングやクローリングをするためには，Python[23]，R[24]，
Ruby[25] といったプログラミング言語の知識が必要となりますが，インターネ

---

[19] http://www.aozora.gr.jp/

[20] https://www.gutenberg.org/

[21] https://googleblog.blogspot.jp/2008/07/we-knew-web-was-big.html

[22] http://www.inc.com/larry-kim/15-mind-blowing-statistics-reveal-what-happens-on-the-internet-in-a-minute.html

[23] https://www.python.org/

[24] https://www.r-project.org/

[25] https://www.ruby-lang.org/

ット上の言語データからコーパスを自動構築するためのツールも存在します。図 1.5 は，BootCaT[*26)]というコーパス構築ツールのウェブサイトです。

図 1.5 BootCaT

コラム

🔍 **インターネットからのデータ収集**

スクレイピングによるインターネット上のテキストの自動収集には，以下のような 3 つのステップがあります（佐々木，2016）。

(1) 目的のデータのありかを知る（ターゲットの選定）
(2) ターゲットから必要なデータを抜き出す（データの取得）
(3) 集めたデータを整理する（データの整理）

まずは，自分の必要とするデータがどこにあるのかを調べる必要があります（ターゲットの選定）。次に，データ収集を行うウェブサイトからデータを抽出します（データの取得）。そして，任意のデータを入手したら，不要な情報を削除し，テキストファイルなどの形式で保存します（データの整理）。どのような情報を削除するか，どのような形式でデータを保存するかについては，データ分析の目的によって異なります。データの整理については，1.3 節で詳しく説明します。

近年，ウェブ上のテキストを収集した大規模なコーパスが増えています。た

[*26)] https://bootcat.dipintra.it/

とえば，Sketch Engine というツールのウェブサイトでは，様々な言語のテキストを収集した WaC（Web as Corpus）[27] や TenTen Corpus[28] といった大規模ウェブコーパスの情報がまとめられています。また，我が国でも，国立国語研究所が 258 億語の NWJC（NINJAL Web Japanese Corpus：国語研日本語ウェブコーパス）[29] を公開しています。

　大規模なウェブコーパスを用いることで，従来のコーパスでは十分な用例を確認することができなかった稀な単語や語法について，詳しく分析することが可能になります。また，ウェブ上のテキストをリアルタイムで収集・分析していくことで，新語やネットスラングの流行や衰退を研究することもできるでしょう。しかし，コーパスの代表性（1.1 節参照）という観点では，いくらウェブコーパスが大規模であったとしても，それを汎用目的コーパスと同じように用いることには慎重にならざるを得ません。いかにインターネット上に多種多様なテキストデータが存在するといっても，社会における言語使用のすべてをカバーしている訳ではありません。たとえば，ウェブ上では，若年者層の言語使用例と比べて，高齢者層による言語使用の例は少ないでしょう。また，ブログやオンライン掲示板などで使われる語彙や文法は，書き言葉であっても，話し言葉に近い特徴を持っています。したがって，ウェブコーパスの分析結果を解釈する際には，ウェブで観測された言語現象を普遍的な現象であると無批判にみなすような過剰な一般化に注意する必要があります。

データの量と質

　コーパスの構築にあたっては，どれくらいの量のテキストを集めるかというデータサイズの問題についても考えなければなりません。データの規模に関する明確な基準は存在しないものの，一般的には，大きければ大きいほどよいといわれています。また，低頻度の単語や表現を検索する場合，1 億語規模のコーパスはサイズの面で不十分であると指摘されています（Kilgariff & Grefensette, 2003）。コーパスのサイズが十分に大きくない場合，そのコーパ

---

[27] https://www.sketchengine.eu/wac-corpora/

[28] https://www.sketchengine.eu/documentation/tenten-corpora/

[29] http://pj.ninjal.ac.jp/corpus_center/nwjc/

スに出現しなかった表現に関して，その表現はそもそも存在しない表現なのか，コーパスのサイズが小さいためにたまたま出現しなかったのかという判断に困ってしまいます。

統計学では，標本から得られた頻度から母集団における頻度を推定する際の精度が標本の大きさの平方根に比例するといわれています（Biber, 1993）。ただ，大規模なデータを構築するには，多大な労力や費用がかかることも事実です。やはり現実的には，「できるだけ」多くのデータを収集するように努力することになるでしょう。

前項で述べたように，インターネット上には膨大なテキストが存在し，それらを自動的に収集するためのツールも開発されています。そのようなツールを使えば，短時間で数百万語，数千万語のテキストを集めることもできます。しかし，素性のしれないテキストばかりを大量に集めても仕方ありません。実際，データサイエンスの分野でも，データの質を考慮せずに量だけ増やしていくと分析結果の信頼性が下がっていくと報告されています（Meng, 2018）。したがって，データの質を犠牲にしてまで，データの量にこだわるのは避けるべきです。安易にビッグデータブームに踊らされることなく，分析の目的に合った，信頼性の高いデータを使わなければなりません。

著作権

テキストの収集を行う際は，**著作権**に配慮する必要があります。書籍として刊行された出版物はもとより，インターネット上のブログ記事などにも著作権が存在します。テキストデータを収集する場合，収集の対象となる各文書の著作権者と協議し，法的な許諾を得るようにしましょう。

現在，アメリカや韓国などでは，**フェアユース**という考え方から，個人による非営利の研究目的の場合，著作物の複写利用が可能であるとされています。また，我が国では，現在の改正著作権法30条の4にあるように，コンピュータによる情報解析のための複製が認められる場合があります。しかしながら，著作権に関する法的な判断は，ケースバイケースで下されることも多く，非常に難しい問題です。少しでも不安を感じた場合は，専門家に相談するのが安全です。

また，著作権の問題に加えて，コーパス構築にあたっては，倫理的な問題についても考慮する必要があります（McEnery & Hardie, 2011）。たとえば，会話コーパスを構築する場合，会話の書き起こしデータに現れる固有名詞などが記号などに置き換えられていたとしても，見る人が見れば，発話者を特定できてしまうかもしれません。さらに，音声コーパスの場合は，発話の声やイントネーションから個人を特定できる可能性もあります。このように考えていくと，個人情報を完全に保護するのが難しい場合もあります。したがって，コーパスの構築にあたっては，データ提供者に対して，事前にデータの使用目的を詳しく説明し，データの使用許諾を書面でとっておく必要があります。そして，当然のことながら，当初の使用目的と異なる目的でデータを利用すべきではありません。

1.3 データ管理

ファイル形式

コーパスに含まれるテキストは，一般的に，**テキストファイル**（.txt）の形式で保存します[30]。テキストファイルは，改行やタブなどを除くと，文字だけからなるファイルです。そのため，Word ファイル（.docx, .doc）や PDF ファイル（.pdf）と比べてファイルサイズが小さく，様々な分析ツールやプログラミング言語で簡単に扱うことができます。したがって，Word ファイルや PDF ファイルの形式で言語データを持っている場合は，分析する前に，テキストファイルの形式に保存し直すか，ファイル形式を変換する必要があります。ちなみに，Word ファイルをテキストファイルに変換する Mwisoft Word to Text Converter[31] というフリーソフト，PDF ファイルをテキストファイルに変換する LightPDF[32] というフリーソフトなども公開されています。

---

[30] XML（Extensible Markup Language）などの形式で保存されているコーパスなども存在しますが，紙面の都合上，ここでは割愛します。

[31] https://www.gigafree.net/tool/office/MwisoftWordtoTextConverter.html

[32] https://lightpdf.com/jp/

文字コード

　日本語で書かれたテキストをコンピュータで分析する場合，**文字コード**に注意する必要があります。文字コードとは，コンピュータ上で文字を表示する方法のことです。現在，多種多様な文字コードが存在していますが，日本語環境のWindowsでは，Shift-JIS（正確には，MicrosoftによるShift-JISの拡張版であるCP932）という文字コードが一般的に使われています。たとえば，Windowsのメモ帳の初期設定は，Shift-JISとなっています[33]。それに対して，Macでは，UTF-8という文字コードが使われることが多いです。このように，WindowsとMacでは，内部で利用している文字コードが異なっています。したがって，WindowsとMacを併用している場合や，異なるOSを使っている人と共同で作業している場合は，文字化けなどの問題が生じます。そのようなときは，テキストファイルの形式でデータを保存する際に，適切な文字コードを選択しましょう。

　複数の文字コードでファイルを保存する場合は，どのファイルがどの文字コードであるかがときどきわからなくなります。そのような心配がある場合は，「data_001_utf8.txt」のように，ファイル名に文字コードの情報を含めておくという予防策もあります。

ファイル名とフォルダ構造

　分析の目的にもよりますが，分析データは（ある程度）細かい単位で分割して保存しておくとよいでしょう。たとえば，芥川龍之介と太宰治の小説のコーパスを作る場合，芥川と太宰のデータをそれぞれ1つのファイル（合計2つ）にまとめるという方法があります。この方法は，芥川のテキスト全体と太宰のテキスト全体を比較する際には便利ですが，芥川（もしくは太宰）が書いた個々のテキストを比較する場合には不便です。複数のファイルを自動でまとめるのは比較的簡単ですが，単一のファイルを自動で複数に分割するには多少の技術が必要になります。

　大量のテキストを持っている場合，ファイル名を工夫したり，階層的なフォ

---

[33] Windowsのメモ帳では，Shift-JISがANSIと表記されています。

ルダ構造に保存したりすることで，効率的にファイルを管理することができます。図 1.6 は，階層的なファイル管理の例（あくまで一例）です。

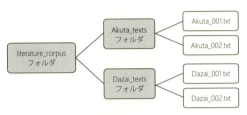

図 1.6　階層的なファイル管理

　図 1.6 の例では，データセット全体が「literature_corpus」という名前のフォルダに含まれていて，芥川と太宰のデータがそれぞれ「Akuta_texts」と「Dazai_texts」というフォルダに保存されています。また，個々のファイルは，「Akuta_001.txt」のように，サブグループの名前（この例では作家の名前）と番号からなっています。このように，ファイル名の冒頭をサブグループ名にしておくと，個々のファイルがどのサブグループに属するものかが一目瞭然です。そして，ファイル名をアルファベット順に並び替えるだけで，サブグループごとにファイルが分かれるため，ファイルの管理が容易です。

　そして，ファイル名は，半角英数字と半角のアンダースコア（_）のみでつけるのが無難です。日本語などの全角文字，あるいは特殊記号や空白などがファイル名に含まれていると，分析ツールによっては正しく作動しない場合があります。ファイル名をつけるにあたって，個々のテキストの名前が重要な場合は「Akuta_Rashomon.txt」などとすることもありますし，執筆年代が重要な場合は「Akuta_1915.txt」などとすることもあります。どのようなファイル名をつけるべきか，どのようなフォルダ構造で管理するべきかは分析の目的によって異なります。一度つけたファイル名を大量に変更する必要があるときは，ファイル名を一括変換するためのツールを使うこともできます。ファイル名の変換ツールとしては，リネーム君[34]などがあります。

---

[34] https://freesoft-100.com/review/renamekun.php

1.4 テキスト整形

表記ゆれの修正

コーパスに収録するためのテキストを集めたら，テキスト整形をします。**テキスト整形**とは，コーパス化するためのテキストに含まれている余分な文字列を削除したり，改行などの書式を整えたりすることです。

たとえば，大量のテキストを収集すると，「．」と「。」のような句点の表記，「、」と「，」のような読点の表記，半角英数字と全角英数字による表記，あるいは「シェークスピア」と「シェイクスピア」のような表記が混在していることがあります。このような表記ゆれを手作業で網羅的に修正するのは至難の技です。大規模なコーパスの場合，修正するのに長い時間がかかりますし，作業者が表記ゆれを見落とす可能性もあります。

そこで，表記ゆれを修正する場合，**テキストエディタ**やプログラミング言語を用いるのが一般的です。テキストエディタには様々なものがありますが，個人的には，Windows であればサクラエディタ[*35)] や秀丸エディタ[*36)]，Mac であれば mi[*37)] や Sublime Text[*38)]がおすすめです。図 1.7 は，サクラエディタを使って，「シェークスピア」という表記を「シェイクスピア」という表記に修正しようとしている例です。

テキストエディタを使うと，数百や数千，ときには数万の表記を一括で置換したり削除したりできるため，非常に便利です。しかし，一括置換や一括削除を行う際は，同じ文字列を含む別の単語などを間違って置換・削除しないように気をつけなければなりません。たとえば，「たぬきそば」，「きつねそば」，「天ぷらそば」という文字列を対象に，「そば」を「うどん」に置き換えるという処理をしてみます。そうすると，「たぬきそば」，「きつねそば」，「天ぷらそば」という文字列が「たぬきうどん」，「きつねうどん」，「天ぷらうどん」という文字列

[*35)] https://sakura-editor.github.io/
[*36)] https://hide.maruo.co.jp/software/hidemaru.html
[*37)] https://www.mimikaki.net/
[*38)] https://www.sublimetext.com/

1.4 テキスト整形

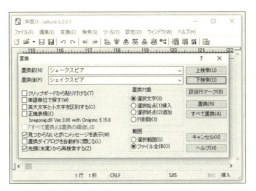

図 1.7　サクラエディタによる表記ゆれの修正

に変わります。それはいいのですが，もし同じテキストの中に「君のそばに立っている」や「こそばゆい」という表現があった場合，これらの表現に含まれる「そば」という文字列を「うどん」に置換すると，「君のうどんに立っている」や「こうどんゆい」という意味不明な文字列になってしまいます。そんなことはあり得ないと思うかもしれませんが，「京都」（府）を対象とする処理が「東京都」という文字列にも影響を及ぼしたり，「スマホ」（スマートフォン）の処理を行ったつもりが「カリスマホスト」も一緒に処理していたりした例を実際に見たことがあります。

　テキストエディタは，あくまで指定された文字列を置換・削除するだけで，単語や文章の意味は一切考慮しません。したがって，テキストエディタで一括処理をする場合は，いま自分が行おうとしている処理が具体的にどのような対象に影響を及ぼすのかについてよく考えなければなりません。少しでも不安な場合は，いきなり「置換」をするのではなく，ひとまず「検索」してみて，自分の予想通りの文字列だけが対象になっているかを確かめる必要があります。

正規表現

　テキストエディタの中には，**正規表現**を使った文字列の検索・置換・削除を行うことができるものもあります。正規表現とは，メタキャラクタと呼ばれる特殊な記号で表現される文字列のパターンのことです。表 1.1 は，正規表現に

おけるメタキャラクタの例です[39]。

表 1.1　正規表現におけるメタキャラクタ（一部）

メタキャラクタ	意　味
.	改行以外の任意の 1 文字
^	行頭
$	行末
¥b	単語の境界
( )	( ) 内の文字列をグループ化
¦	¦ の前後のいずれか
*	直前の要素の 0 回以上の繰り返し
+	直前の要素の 1 回以上の繰り返し
?	直前の要素の 0〜1 回の繰り返し
¥n	改行
¥t	タブ
¥s	空白文字にマッチ
¥w	すべての半角英数字とアンダースコア
¥W	半角英数字とアンダースコア以外すべて
¥	直後の 1 文字をメタキャラクタとして扱わない

　正規表現を使いこなせるようになると，実行可能なテキスト整形の幅が格段に広がります。たとえば，青空文庫から小説のテキストをダウンロードすると，図 1.8 のように，カッコの中に漢字のルビが書かれていることがあります。

> 　同じ M 県に住んでいる人でも，多くは気づかないでいるかもしれません。I 湾が太平洋へ出ようとする，S 郡の南端に外《ほか》の島々から飛び離れて，丁度緑色の饅頭《まんじゅう》をふせた様な，直径二厘足らずの小島が浮かんでいるのです。

図 1.8　ルビがカッコ内に書かれている例[40]

---

[39] 実際にテキストエディタで正規表現を使う場合は，エディタのヘルプなどを参照してください。

[40] これは，江戸川乱歩の『パノラマ島綺譚』の冒頭部分です。（http://www.aozora.gr.jp/cards/001779/card56651.html）

1.4 テキスト整形 21

　そのような場合，「《.*?》」というメタキャラクタの組み合わせ（＝《》で囲われ
ている文字列すべて）を指定することで，図 1.9 のように，すべてのルビを一
括で削除することができます。

　　同じ M 県に住んでいる人でも，多くは気づかないでいるかもしれません。I
湾が太平洋へ出ようとする，S 郡の南端に，外の島々から飛び離れて，丁度緑
色の饅頭をふせた様な，直径二里足らずの小島が浮かんでいるのです。

図 1.9 カッコを削除した例

　また，正規表現を使うことで，テキスト中の不要な改行や空白を一括で削除
したり，単語の品詞や修飾関係を表すアノテーション（第 2 章参照）を修正し
たりすることができます。正規表現を用いた実践的な技術については，『言語研
究のための正規表現によるコーパス検索』という書籍（大名，2012）などが参
考になります。

第 2 章

ことばを数える

本章では，計量的な言語研究を行うための自然言語処理の技術，そして，様々な頻度集計の方法について説明します[1]。これらの技術は，コンピュータにとっては単なる文字の羅列に過ぎないテキストから言語学的に意味のある情報を取り出し，数値化するために不可欠なものです。

2.1 自然言語処理

形態素解析

人間が日常的に使っている言語をコンピュータで処理することを**自然言語処理**と呼びます。まず，本項では，最も基本的な自然言語処理の技術である**形態素解析**について説明します。

計量的な言語研究では，単語を 1 つの単位として扱うのが一般的です。単語を単位として分析することで，文章単位や文単位の解析よりも正確に内容を把握することができ，文字単位の解析よりも意味のある情報を得られます。そして，単語を単位として分析するための処理が形態素解析です（工藤，2018）。

英語のテキストを解析する場合，基本的に個々の単語は空白で区切られているため，単語単位の頻度集計が比較的容易です[2]。しかし，日本語のテキストを解析する場合，単語と単語の間に空白が存在しないため，単語単位の解析を行う前に，形態素解析の技術を用いて，文を単語に分割する前処理が必要とな

---

[1] 本章の一部は，拙著『R によるやさしいテキストマイニング』（小林，2017a），『仕事に使えるクチコミ分析—テキストマイニングと統計学をマーケティングに活用する』（小林，2017c）の内容を加筆修正したものです。

[2] 英語テキストの単語分割にも，ハイフン (-) やアポストロフィ (') を含む単語（"well-known" や "don't" など）を 1 語として扱うかどうかなどの問題があります。

ります。

　ちなみに，形態素解析の「形態素」は，言語学の用語で，それ以上分解したら意味をなさなくなるところまで分割された単位であると定義されています[*3]。厳密にいえば，「形態素」は，「単語」と異なります。たとえば，「タツノオトシゴ」は，トゲウオ目ヨウジウオ科タツノオトシゴ属に分類される魚類の総称で，それ自体が1つの単語です。そして，この単語は，「タツ」（竜），「ノ」（の），「オトシ」（落とし），「ゴ」（子）という「意味を持つ最小の単位」である「形態素」に分解することができます（つまり，「単語」と「形態素」という2つの用語は別の意味を持っています）。しかし，自然言語処理の分野においては，多くの場合，「形態素」という用語が「単語」の同義語として扱われます。そこで本書でも，「形態素解析」などの専門用語に言及する場合を除いて，多くの方に馴染みのある「単語」という用語を主に使用します。

　日本語の形態素解析では，(1) 単語単位への分割，(2) 品詞情報の付与，(3) 単語の原形の復元という3つの処理が行われます。まず，日本語の文では単語と単語の間に空白が存在しないため，どこからどこまでが1つの単語なのかが明確ではありません。コンピュータで処理しやすいように，文を単語ごとに分割する処理を**分かち書き**と呼びます。簡単な例を挙げると，「私は猫を飼っていました」という文を「私／は／猫／を／飼っ／て／い／まし／た」のように1語ずつ分割するのが分かち書きです。また，「私」が代名詞で「は」が「助詞」であると特定するのが**品詞情報の付与**で，「まし」の原形は「ます」であると同定するのが**基本形の復元**です。

　図2.1は，WinCha[*4]というソフトウェアを用いて，「私は猫を飼っていました」という文を解析した例です。この例では，画面下に形態素解析の結果を表示するボックスがあり，表層語，基本形，読み，発音，品詞，活用の情報が左から順に示されています。

　なお，形態素解析で問題になるのは，どのような単位で分かち書きをするかという点です。先ほどの「タツノオトシゴ」は1語とみなした方がよさそうで

[*3] 工学の下位分野である自然言語処理における「形態素」という用語の使い方が「言語学的には適切でない」と指摘する言語学者も存在します（山崎・前川，2014）。

[*4] http://chasen-legacy.osdn.jp/

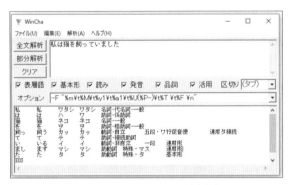

図 2.1　WinCha による形態素解析

すが，「国語研究所」の場合はどうでしょうか。「国語研究所」という1語でしょうか，「国語」と「研究所」という2語でしょうか，それとももっと多い数の単語からなっているでしょうか。ここで注意しなければいけないのは，どれか1つの分割方法が正しく，それ以外の分割方法が間違っていると考えるのは適切ではないということです。何らかの明確な基準に準拠した方法であれば，どのように分かち書きをしても構いません。ただ，1つの単語に適用した基準は，他の似たような単語に対しても同様に適用しなければなりません。たとえば，「国語研究所」を「国語」と「研究所」に分けるのであれば，「情報学研究所」も「情報学」と「研究所」に分けなければなりません。一見簡単そうですが，このような処理を徹底するのは，（人間にとっても，コンピュータにとっても）非常に難しいことです。

　また，文法的に正しい分割方法が複数存在する場合は，正しい形態素解析結果を得るために，単語の意味や文脈を考慮しなければなりません。たとえば，「うらにわにはにわとりがいる」という文には，「裏庭／には／鶏／が／いる」と分割するか，それとも「裏庭／には／二／羽／鳥／が／いる」と分割するか，などの様々な分かち書きの候補があります。また，「神ってる」（「神がかっている」という意味）のような新しい表現や，「kwsk」（「詳しく」という意味）のようなネットスラング，「喜連瓜破」（大阪の地名）のような難読語などがテキストに出現した場合は，それらの未知語にも対処しなければなりません。現実の世界には，「モーニング娘。」という固有名詞のように，「。」が文末を表す記号

ではなく，単語の一部であるという珍しい用例も存在します。

　一般的な形態素解析ツールの精度は90〜98％であるといわれますが，それは新聞などの「綺麗な」テキストを解析した場合の精度であることが多いため，特殊な言語使用を含むテキストの場合は若干精度が低下します。したがって，コンピュータによる形態素解析を用いる場合は，解析結果を自分の目で確認することが重要です。分析テキストにおいて非常に重要な単語が誤って解析されているときは，テキストエディタの正規表現（1.4 節参照）などを使って修正しましょう（1つずつ手で直していくと，用例を見落とす可能性があります）。また，解析結果を手作業で訂正する場合，先ほどの「国語研究所」と「情報学研究所」の例のように，処理の整合性にも十分な注意を払ってください。

　現在，多くの形態素解析器が公開されています。その中では，ChaSen[*5]，MeCab[*6]，Juman[*7]などが比較的有名です。これらのツールは，基本的に Windows のコマンドプロンプトや Mac のターミナルのような CUI 環境で利用するものです。ただ，コマンド操作に馴染みのないユーザーのために，マウス操作で ChaSen が使える WinCha（図 2.1）のような GUI ツールや，Web 茶まめ[*8]のようなオンラインツールも存在します[*9]。

コラム

🔍 短単位と長単位

　BCCWJ（1.1 節参照）のような日本語コーパスでは，形態素の情報付与として，コーパスからの用例収集を目的とした**短単位**と，テキストにおける言語的特徴の解明を目的とした**長単位**という 2 つの単位が用いられています。

　短単位の認定にあたっては，最初に現代語において意味を持つ最小単位を規定し，一定の基準に基づいて最小単位を文節の範囲内で結合させます（小椋・小木曽・小磯・冨士池・相馬，2007）。短単位は，基準がわかりやすく，作業上のゆ

[*5] http://chasen-legacy.osdn.jp/

[*6] http://taku910.github.io/mecab/

[*7] http://nlp.ist.i.kyoto-u.ac.jp/index.php?JUMAN

[*8] http://chamame.ninjal.ac.jp/

[*9] Web 茶まめを使うと，現代語だけでなく，上代，中古，近代などの歴史的なテキストの形態素解析を簡単に実行することができます。

れが少ないという特徴を持っています。

　一方，長単位の認定にあたっては，文節の認定を行った上で，各文節の構成要素を一定の基準に基づいて自立語部分と付属語部分に分割していきます（冨士池・小椋・小木曽・小磯・内元・相馬・中村，2008）。長単位は，短単位よりも長い単位で語を抽出するため，分析対象のテキストを特徴づける語などの特定に役立ちます。

　ちなみに，「国語研究所」という文字列を例にとると，短単位では「国語」と「研究所」の2語となり，長単位では「国語研究所」の1語となります。

　なお，英語のテキストに品詞や基本形の情報を付与する場合は，TreeTagger[10] などのツールを使います[11]。たとえば，"The TreeTagger is easy to use." という文を解析すると，表2.1のような結果が得られます。この表を見ると，左から表層語（word），品詞（pos），基本形（lemma）という情報が並んでいます。また，品詞の情報は，DT（決定詞）やNP（固有名詞単数）など，Penn Treebank タグセット[12] のタグで表されています。

表2.1　TreeTagger の解析結果例

word	pos	lemma
The	DT	the
TreeTagger	NP	TreeTagger
is	VBZ	be
easy	JJ	easy
to	TO	to
use	VB	use
.	SENT	.

---

[10] http://www.cis.uni-muenchen.de/~schmid/tools/TreeTagger/

[11] TreeTagger を用いると，英語以外の様々な言語も解析することが可能です。詳しくは，ツールのウェブサイトを参照してください。

[12] http://www.cis.uni-muenchen.de/~schmid/tools/TreeTagger/data/Penn-Treebank-Tagset.pdf

計量的な言語研究では，多くの場合，単語の頻度が集計されます。しかし，単語の頻度を集計する際に品詞の情報も活用することで，動詞の"interest"（興味を引く）と名詞の"interest"（利子）のような同音異義語を区別することができます。また，品詞の頻度を集計することで，「助動詞の多い文体」や「形容詞の多い文体」のような特徴に光を当てることができます。そして，基本形の情報に注目することで，"are"，"be"，"been"，"being"，"is"，"was"，"were"のような単語の活用形をまとめて集計することが可能になります。

構文解析

構文解析は，文法規則に基づいて，文の構造を句単位や文節単位で解析する技術です（鶴岡・宮尾，2017）。句とは，2つ以上の単語が集まって1つの品詞と同じような働きをするものです。たとえば，「〜すること」という意味を持つ名詞句，名詞や代名詞を修飾する形容詞句，動詞・形容詞・他の副詞・文全体を修飾する副詞と同じ働きをする副詞句などがあります。

英語の構文解析ツールとしては，Stanford Parser[*13)] や Charniak Parser[*14)] などがあります。図 2.2 は，Stanford Parser のデモサイト[*15)] で"The quick brown fox jumped over the lazy dog." という文の句構造を解析した結果です。この図を見ると，解析した文（S）には"The quick brown fox" という名詞句（NP）と"jumped over the lazy dog" という動詞句（VP）があり，その動詞句の中に前置詞句（PP）や名詞句が埋め込まれていることが示されています。

また，Stanford Parser を用いると，文の句構造だけでなく，単語の係り受け関係を解析することもできます。図 2.3 は，Stanford Parser による係り受け解析の結果です。この図を見ると，"The"，"quick"，"brown" といった単語が"fox" という単語と係り受け関係にあり，"fox" と"jumped" が主語・述語の関係にあることなどがわかります。

日本語の場合は，文節を単位とした係り受け関係の解析を行うことが多いで

[*13)] https://nlp.stanford.edu/software/lex-parser.shtml

[*14)] http://bllip.cs.brown.edu/resources.shtml

[*15)] http://corenlp.run/

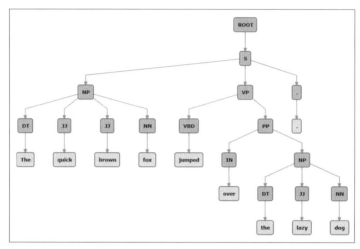

図 2.2 Stanford Parser による句構造解析

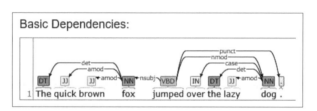

図 2.3 Stanford Parser による係り受け解析

す。また，日本語の構文解析ツールとしては，CaboCha[*16)]や KNP[*17)]などがあります。図 2.4 は，CaboCha で「太郎は花子が読んでいる本を次郎に渡した」という文を解析した結果です。この図を見ると，「太郎は」，「本を」，「次郎に」という 3 つの句が「渡した」に係っていることがわかります[*18)]。また，「花子が」が「読んでいる」に，「読んでいる」が「本を」に係っています。

[*16)] http://taku910.github.io/cabocha/
[*17)] http://nlp.ist.i.kyoto-u.ac.jp/index.php?cmd=read&page=KNP&alias%5B%5D=%E6%97%A5%E6%9C%AC%E8%AA%9E%E6%A7%8B%E6%96%87%E8%A7%A3%E6%9E%90%E3%82%B7%E3%82%B9%E3%83%86%E3%83%A0KNP
[*18)] なお，図中の D という文字は，「係り受け」という意味を持つ "dependency" という単語の頭文字で，文中で係り受けのある位置を示しています。

図 2.4 CaboCha による係り受け解析

図 2.5 複数の係り受け関係が考えられる例

　係り受け解析の技術も完璧ではなく，その精度も（理想的な環境下で）80％程度であるといわれています。また，係り受け解析は，形態素解析よりも処理に時間を要します。そして，図 2.5 の「美しい猫の図鑑」のように，「美しい」が「猫」と「図鑑」のどちらに係っているのかが曖昧な場合も存在します。

　しかし，係り受け解析を行うことで，「マニュアルがわかりにくい」（マニュアル／が／わかり／にくい）のような否定表現の解釈が容易になります。単純に個々の単語を見ているだけでは，「マニュアル」について何といわれているのか，マニュアルがわかりやすいのか，それともマニュアルがわかりにくいのかを判断できません。このような係り受け解析は，ビジネス分野におけるクチコミ分析などで非常に重要なものとなります。

意味解析

　自然言語処理の発展的な技術の1つとして，コンピュータで文の意味を扱う**意味解析**があります。ひとくちに「意味解析」といっても，表 2.2 のように，様々なものがあります。

　ここでは，意味解析の一例として，**評判分析**を紹介します。近年，SNS やオンラインレビューサイトのクチコミを分析することで，企業のマーケティングや業務改善に役立てようとする試みが盛んに行われています（Liu, 2015）。評判分析の技術を用いると，特定の商品やサービスに関するクチコミのうち，ポ

表 2.2 主な意味解析

解析技術	用途
固有表現抽出	固有名詞，日付・時間・金額表現などを抽出
述語項構造解析	文の述語と，対象・時間・場所などを表す名詞項の関係を特定
語義曖昧性解消	多義的な単語の意味を特定
評判分析	書き手の感情や評価を推定

ジティブなものが何割ぐらいで，ネガティブなものが何割ぐらいかを調べることができます。ただし，そのような推定を行うには，ポジティブな単語とネガティブな単語を収録した**評価表現辞書**と呼ばれる語彙リストが必要になります。

図 2.6 は，2014 年にブラジルで開催された FIFA ワールドカップにおける日本対コートジボワールの試合中のツイート数の推移を朝日新聞が集計した結果です[*19]。この図を見ると，10 時 16 分に日本代表の本田圭佑選手が先制点を挙

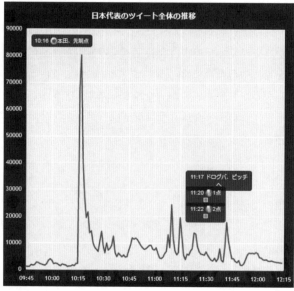

図 2.6　日本対コートジボワールの試合中のツイート数の推移

[*19] http://www.asahi.com/worldcup/2014/special/chart/

げた瞬間に極めて多くのツイートが投稿されたことがわかります。

この朝日新聞の調査で興味深いのは，単にツイートの数を数えただけではなく，個々のツイートがポジティブなものであったのか，それともネガティブなものであったのかが計量的に示されている点です．図 2.7 を見ると，本田選手が先制点を挙げた瞬間に投稿されたツイートのうち，ポジティブなものが 88%で，ネガティブなものが 0%，そのどちらでもないニュートラルなものが 12%でした．このような評判分析は，現時点では判定精度に若干の改善の余地があるものの，芸能人の好感度調査から選挙結果の予測まで，幅広い分野で注目されている技術です[*20)]。

ちなみに，このような Twitter の評判分析を行うには，Python や R などのプログラミング言語を用いてツイートを収集し，ツイート中の単語に対してポ

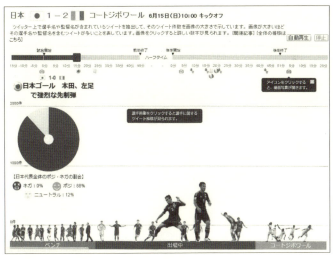

図 2.7 日本対コートジボワールの試合中のツイートの評判分析（朝日新聞社提供）

[*20)] 評判分析で難しいのは，同じ単語であっても，文脈によってポジティブかネガティブかが変化する点です．たとえば，「うちの息子は親の金で贅沢な暮しをしている」という文における「贅沢な」はネガティブな意味ですが，「松坂牛の贅沢な味わいが忘れられない」の「贅沢な」はポジティブな意味で使われています．

ジティブ／ネガティブ／ニュートラルを判定する必要があります[*21]。表2.3は，主な日本語の評価表現辞書をまとめたものです。

表 2.3　主な日本語の評価表現辞書

辞　書	開発者	URL
単語感情極性対応表	高村大也氏	http://www.lr.pi.titech.ac.jp/~takamura/pndic_ja.html
日本語評価極性辞書（名詞編・用言編）	東北大学 乾・岡崎研究室	http://www.cl.ecei.tohoku.ac.jp/index.php?Open%20Resources%2FJapanese%20Sentiment%20Polarity%20Dictionary
日本語感情表現辞書	長岡技術科学大学 自然言語処理研究室	http://www.jnlp.org/SNOW/D18

　また最近は，単に「ポジティブ」と「ネガティブ」を判定するだけではなく，「喜び」，「悲しみ」，「怒り」といった書き手の感情を判定するツールも開発されています（このように感情を判定する技術は，感情分析とも呼ばれます）。図2.8 は，User Local の感情認識 AI でレストランのレビューを解析した結果で

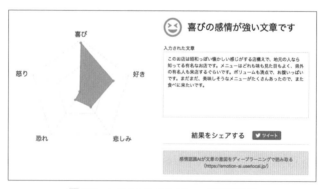

図 2.8　レストランのレビューの感情分析

[*21] ツイートの収集と評判分析（感情分析）については，拙著『R によるやさしいテキストマイニング［活用事例編］』（小林，2018）などを参照してください。

す*22)。この結果を見ると，分析したレビューが「喜びの感情が強い文章」であると判定されていることがわかります。

その他の解析

　自然言語処理の分野では，単語レベルや文レベルの解析技術だけでなく，文を超えたレベルのつながりを解析するための技術も研究されています（笹野・飯田，2017）。

　照応解析は，「あれ」，「これ」，「それ」，「彼」，「彼女」のような代名詞が何を指し示しているかを特定する技術です。たとえば，以下の（2）の文における「彼女」が（1）の文の「妻」のいいかえであると判定することを目的としています。

(1) 妻は泣きました。

(2) 私が不断からひねくれた考えで彼女を観察しているために，そんな事もいうようになるのだと恨みました。

（夏目漱石『こころ』）

　また，**談話構造解析**は，文と文がどのような意味的な関係でつながっているのかを解析するための技術です。談話構造解析では，「なぜなら」や「一方」といった表現に注目することで，「理由」や「対比」といった文と文の関係を特定します。たとえば，以下の（4）の文における「というのは」という表現に注目し，（3）の文の「理由」を（4）の文が提示していると判定します。

(3) みすぼらしい場末の古本屋で，別段眺める程の景色でもないのだが，私には一寸特別の興味があった。

(4) というのは，私が近頃この白梅軒で知合になった一人の妙な男があって，名前は明智小五郎というのだが，話をして見ると如何にも変り者で，それで頭がよさ相で，私の惚れ込んだことには，探偵小説好なのだが，その男の幼馴染の女が今ではこの古本屋の女房になっているという事を，この前，彼から聞いていたからだった。

（江戸川乱歩『D坂の殺人事件』）

---

*22) https://emotion-ai.userlocal.jp/

なお，英語の照応解析ツールとしては，BART（Beautiful Anaphora Resolution Toolkit）[23]やStanford Deterministic Coreference Resolution System[24]などがあります。また，談話構造解析ツールには，SPADE（Sentence-level Parsing for Discourse）[25] や A PDTB-Styled End-to-End Discourse Parser[26] などがあります。ただし，筆者の知る限り，日本語を対象とする照応解析ツールや談話構造解析ツールで，一般に公開されているものはまだ存在しません。

2.2 頻度集計

単語

前節で述べたように，計量的な言語研究では，単語単位での頻度集計を行うのが一般的です。その際，すべての単語を集計対象とするか，一部の品詞のみ（たとえば，名詞と形容詞）を集計対象とするかは，分析の目的によって異なります。

単語の頻度を集計した表を**頻度集計表**といいます。図 2.9 は，KH Coder というテキスト分析ツール[27]を用いて，すべての単語を集計対象とする頻度集計表を作った結果です。分析に使ったデータは，「ブラックサンダー」（チョコレート菓子）という商品名を含むツイート（1000 件）で，2017 年 2 月 2 日に収集されました。この図を見ると，分析データにおける頻度上位 5 語は，「ブラックサンダー」，「する」，「食べる」，「ない」，「買う」です。

すべての単語を集計対象とする頻度集計表は，分析対象のテキストで使われている単語を概観するには便利です。しかし，テキストの内容をより深く分析する際は，品詞別の頻度集計表も確認するとよいでしょう。図 2.10 は，KH Coder を用いて，品詞別の頻度集計表を作成した結果です（紙面の都合で，名詞，サ変名詞，形容動詞のみを表示しています）。この図における頻度上位の名

---

[23] http://www.bart-coref.org/

[24] https://nlp.stanford.edu/software/dcoref.html

[25] https://www.isi.edu/licensed-sw/spade/

[26] https://github.com/linziheng/pdtb-parser

[27] http://khcoder.net/

	A	B	C
1	抽出語	品詞	出現回数
2	ブラックサンダー	未知語	1031
3	する	動詞B	234
4	食べる	動詞	159
5	ない	否定助動詞	148
6	買う	動詞B	145
7	チョコ	名詞	137
8	なる	動詞B	78
9	コンビニ	名詞	75
10	ある	動詞B	72
11	笑	人名	72
12	つく	動詞B	62
13	ワイニート	未知語	62
14	wwwwwwwwww	未知語	59
15	アダ	未知語	58
16	バレンタイン	人名	55
17	美味しい	形容詞	50
18	個	名詞C	44
19	思う	動詞	42
20	ああ	感動詞	39
21	今日	副詞可能	39
22	言う	動詞	37
23	いる	動詞B	35
24	最近	副詞可能	35
25	いい	形容詞B	34
26	好き	形容動詞	34
27	あげる	動詞B	33
28	ない	形容詞B	32
29	味	名詞C	30
30	リア	名詞	28
31	円	名詞C	27

図 2.9 すべての単語を集計対象とする頻度集計表

	A	B	C	D	E	F
1	名詞		サ変名詞		形容動詞	
2	チョコ	137	限定	21	好き	34
3	コンビニ	75	企画	7	大丈夫	10
4	リア	28	決定	7	大好き	9
5	製菓	26	追加	7	普通	9
6	お菓子	24	配布	7	めちゃくちゃ	8
7	チョコレート	24	用意	6	明らか	8
8	義理	16	フォロー	6	オフィシャル	6
9	ラップ	14	還元	6	だめ	5
10	調子	14	購入	5	苦手	5
11	抹茶	13	誕生	5	幸せ	4
12	バトル	12	販売	5	高級	4
13	自分	11	お願い	5	正直	4
14	店員	11	カット	5	生	4
15	ピンク	10	ギフト	5	特別	4
16	ホワイト	10	希望	5	フル	3
17	コーヒー	9	広告	4	完全	3
18	スポンサー	9	参戦	4	邪悪	3
19	友達	9	紹介	4	真っ黒	3
20	きな粉	8	予定	4	大変	3
21	イベント	8	話	4	唐突	3
22	ココア	8	ダイエット	4	安定	2
23	手作り	8	拡散	4	異常	2
24	商品	8	関係	4	確か	2
25	人気	8	休憩	4	簡単	2
26	先輩	8	仕事	4	元気	2
27	土産	8	入荷	4	公式	2
28	疲れ	8	認識	4	私的	2
29	バレンタイン	7	満足	4	主	2
30	会社	7	優勝	4	充分	2
31	楽しみ	7	料理	4	純粋	2

図 2.10 品詞ごとの頻度集計表

詞を見てみると，「義理」や「バレンタインデー」などがランクインしており，この安価なチョコレートがバレンタインデーの義理チョコに使われていることがうかがい知れます。また，サ変名詞の列を見てみると，「限定」の頻度が最も高く，期間限定，地域限定，数量限定といった限定販売の商品が話題になっていることがわかります[28]。

コラム

🔎 Zipf の法則

20 世紀前半，アメリカの言語学者 George Kingsley Zipf が **Zipf の法則**を発見しました。これは，単語の出現順位と出現頻度の間に関連があることを示した法

---

[28] サ変名詞とは，「する」という動詞と結びついてサ行変格活用の動詞となり得る名詞のことです。たとえば，「限定」という名詞は，「限定する」という動詞になることができます。

則です（Baayen, 2001）。図 2.11 は，Lewis Carroll の *Alice's adventures in wonderland* という小説におけるすべての単語の出現順位（横軸）と出現頻度（縦軸）を散布図にしたものです。この図を見ると，最も多く出現していた単語の頻度が極めて高く（ちなみに，冠詞の "the" で 1639 回），それに続く少数の単語の頻度がやや高く，ほとんどの単語は 1 回しか出てこないことがわかります。

そして，図 2.12 は，出現頻度と出現順位のそれぞれの対数（p.93 のコラム「対数」を参照）をとってから，散布図にしたものです。こちらの図を見てみると，図中の点（個々の単語）が大まかに左上から右下に向けて並んでいることがわかるでしょう。つまり，テキストにおける単語の出現順位と出現頻度を用いて，その一方から他方をある程度正確に予測することが可能なのです。

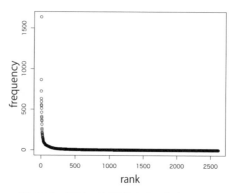

図 2.11 単語の出現順位と出現頻度の関係

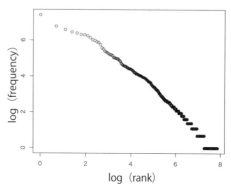

図 2.12 単語の出現順位（対数）と出現頻度（対数）の関係

2.2 頻度集計

> この法則は，世界中の様々な言語における語彙頻度で実証されているだけでなく，ウェブページのアクセス数，都市の人口，音楽における音符の使用頻度，細胞内での遺伝子の発現量，地震の規模，固体が割れたときの破片の大きさなど，多様な自然現象・社会現象にも見られることが明らかにされています[*29]。

共起語

言語研究では，単純に単語の頻度を集計するだけでなく，分析対象とする単語（中心語）の近くによく一緒に現れる単語を分析することもあります。そして，「分析対象とする単語（中心語）の近くによく一緒に現れる単語」のことを**共起語**と呼び，中心語と共起語が「一緒に現れる」ことを共起といいます。

たとえば，テキストにおける名詞と名詞の共起関係に注目すれば，人や物がどのように関連しているかを把握することができます。また，名詞の中心語と共起する形容詞を分析すると，中心語がどのように表現（形容）されているかがわかります。さらに，名詞（人物名）の中心語と共起する動詞を抽出すると，誰が何をしたのかという情報が得られます。

図 2.13 の例を見ると，どのようなビールが話題になっているのか（冷たい，すっきり，黒），あるいはビールに対してどのような行動がとられているのか（買う，飲む），どのような単語がビールと一緒に話題にのぼるのか（おつまみ）などがわかります。

なお，実際に共起語の分析を行うにあたっては，どれくらい「近く」に現れる単語を共起語とみなすのか，どれくらい「よく」一緒に現れる単語を共起語とみなすのかを定義する必要があります。具体的には，中心語の前後何語までを集計の対象とするかと，どのような基準で共起の強さを測るかを決めることになります。共起語の分析については，第 7 章で詳しく説明します。

[*29] https://ja.wikipedia.org/wiki/%E3%82%B8%E3%83%83%E3%83%97%E3%81%AE%E6%B3%95%E5%89%87

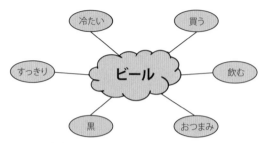

図 2.13 中心語と共起語のイメージ

n-gram

　また，テキストにおける言語使用を調査するにあたって，**n-gram**（エヌグラム）という単位で頻度集計を行うこともあります。n-gram とは，文章における n 個の要素の連鎖のことです。具体的には，文字 n-gram，単語 n-gram，品詞 n-gram などの種類があり，n の数も変化します。たとえば，文字 3-gram であれば，「月　曜　日」のような 3 文字の連鎖，単語 2-gram であれば，「明日　は」のような 2 単語の連鎖を指します。ただし，n-gram は，連続する要素を 1 つずつずらして，それらを網羅的に取り出したものなので，必ずしも言語的に意味のあるかたまりとなっている訳ではありません。図 2.14 は，テキストから n-gram を取り出す方法のイメージです。

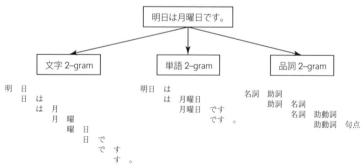

図 2.14 n-gram の取り出し方（2-gram の例）

n-gram は，隣接する要素を機械的に抽出するというシンプルな手法ですが，様々な分野で応用されています。たとえば，文字 n-gram は，形態素解析を必要とせずに集計できるため，分かち書きの誤りなどの影響を受けることなく，テキストを分析することが可能です。また，品詞 n-gram は，文章を品詞のレベルに抽象化するため，文章の内容の影響をそれほど受けずに，文章の構造を捉えることができます。

なお，n-gram は，携帯電話の予測変換機能などでも活用されています。具体的には，ユーザーが何という単語の次に何という単語を入力することが多いのかという情報（n-gram の頻度）を蓄積することで，ユーザーが次に入力するであろう単語を予測しています。

第 3 章
データの概要を調べる

　本章では，単語単位の頻度集計の方法，集計した頻度の概要を調べるための統計処理について説明します[*1)]。集計した頻度を統計的に処理することで，大量の数値データの情報を 1 つの指標で要約したり，データのばらつき具合を数値化したりすることができます。

3.1　総語数・異語数

　単語単位の集計は，計量的な言語研究における最も基本的な処理の 1 つです。しかし，テキストに出現する単語の数え方には，複数の方法があります。非常に単純な例ですが，以下の 2 つの文を見てください。

　(1) 私／が／<u>学生</u>／で／, ／彼／は／社会人／だ／。
　(2) 私／は／<u>学生</u>／で／, ／彼／も／<u>学生</u>／だ／。

　上記の 2 つの文は，いずれも（句読点込みで）10 語からなっています。このような文中（あるいはテキスト中）の単語の総数を**総語数**，あるいは**延べ語数**といいます。

　それに対して，文中（あるいはテキスト中）に何種類の単語が出現しているかを数えたものを**異語数**，あるいは**異なり語数**と呼びます。上記の (1) ではすべての単語が 1 回ずつ出現していて（2 回以上出現している単語はなく），文中で 10 種類の単語が使われています。一方，(2) では「学生」という単語が 2 回

[*1)] 本章の一部は，拙著『R によるやさしいテキストマイニング』（小林，2017a），『仕事に使えるクチコミ分析—テキストマイニングと統計学をマーケティングに活用する』（小林，2017c）の内容を加筆修正したものです。

繰り返し使われていて，文中で使われている単語の種類は 9 となります[*2]。したがって，(1) と (2) の総語数は等しいですが，2 つの文の異語数は異なります。単語の重複なしで（一度使った単語を二度と使わずに）ある程度の長さの文章を書くのは，不可能に近いでしょう。そのため，一般的に，文やテキストが長くなるにつれて，繰り返し用いられる単語の数が増えていきます。

3.2 語彙の多様性

前節で紹介した総語数と異語数を使えば，テキストにおける**語彙の多様性**を調べることができます。語彙の多様性を測る指標の中では，**異語率**が最も古典的な指標です[*3]。異語率は，異語数を総語数で割ったもので，値が大きいほど（1 に近づくほど）テキスト中で用いられている単語の種類が豊富で，値が小さいほど（0 に近づくほど）単語の繰り返しが多いことを示します。

$$異語率 = \frac{異語数}{総語数}$$

異語率は，古くから使われている指標ですが，テキストの総語数の影響を強く受けるという欠点を持っています。(少なくとも理論上は)総語数を無限に増やしていけるのに対して，世の中に存在する単語の数（異語数）は有限であり，テキストが長くなるにつれて異語率が下がっていく傾向が見られます。したがって，(総語数が大きく異なる) 複数のテキストから求めた語彙多様性の値を比較する場合は，他の指標を用いることが望ましいとされています（Baayen, 2008）。

たとえば，総語数の影響を緩和するために提案された指標の 1 つとして，**Guiraud 指数**があります。この指標は，異語数を総語数の平方根で割ることで

[*2] 文中で使われている単語をすべて基本形に直すと，異語数が変わります。また，英語の語彙研究などでは，基本形ではなく，屈折形や派生語も含む**ワードファミリー**という単位で語数を数えることがあります（Nation, 2001）。

[*3] 総語数をトークン（token），異語数をタイプ（type），異語率をタイプ・トークン比（type-token ratio：TTR）と呼ぶこともあります。

求めることができます。

$$\text{Guiraud 指数} = \frac{\text{異語数}}{\sqrt{\text{総語数}}}$$

表 3.1 は，異語数が 100 のときに，総語数を 1000，10000，100000 と変化させた場合の異語率と Guiraud 指数をまとめたものです。この表を見ると，異語率と比べて，Guiraud 指数が減少していく度合いが小さく，総語数の影響を受けにくいことがわかります。

表 3.1　異語率と Guiraud 指数

総語数	1000	10000	100000
異語数	100	100	100
異語率	0.100	0.010	0.001
Guiraud 指数	3.162	1.000	0.316

語彙の多様性は，語彙研究や文体研究などの幅広い分野で活用されており，異語率や Guiraud 指数以外にも様々な指標が提案されています（Baayen, 2001；Malvern, Richards, Chipere, & Durán, 2004）。

3.3　単純頻度・相対頻度

特定の単語の頻度を数える場合，主に**単純頻度**で数える方法と**相対頻度**で数える方法の 2 種類があります。単純頻度は，テキスト中で単語が何回使われていたかをそのまま表す数であり，非常にわかりやすいものです。しかし，複数のテキストにおける頻度を比較する場合は，単純頻度を用いることができないこともあります。たとえば，ある単語が 1000 語のテキストで 10 回使われていたのと，2000 語のテキストで 10 回使われていたのでは，同じ「10 回」であっても，「10 回」の意味合いが異なります。

総語数の異なるテキストにおける頻度を比較する場合には，総語数を考慮した相対頻度という値を用います。相対頻度は，単純頻度を総語数で割ることで

3.3 単純頻度・相対頻度　　　43

求められます。

$$\frac{10}{1000} = \mathbf{0.010}$$

$$\frac{10}{2000} = \mathbf{0.005}$$

　同じ単純頻度 10 回であっても，テキストの総語数が異なれば，相対頻度も異なります。上記の例でいえば，表 3.2 のように，総語数が 2 倍になると，単純頻度が同じであっても，相対頻度は半分になります。

表 3.2　単純頻度と相対頻度

総語数	単純頻度	相対頻度
1000	10	0.010
2000	10	0.005

　単純頻度をテキストの総語数で割った結果，表 3.2 の例のように，相対頻度が非常に小さい値になってしまうこともあります。その場合，100 や 1000 のような任意の値を掛けて，「100 語あたりの相対頻度」や「1000 語あたりの相対頻度」といった調整済みの相対頻度を用いることもあります。表 3.3 は，表 3.2 で求めた 2 種類の相対頻度を 100 語あたり，1000 語あたり，10000 語あたりに調整した結果です。

表 3.3　相対頻度の調整

相対頻度（＝単純頻度÷総語数）	0.010	0.005
100 語あたりの相対頻度	0.100	0.050
1000 語あたりの相対頻度	1.000	0.500
10000 語あたりの相対頻度	10.000	5.000

相対頻度を何語あたりに調整するかに関する絶対的な基準はありません。し

かし，テキストの総語数を大きく超える数を相対頻度に掛けるのは，データが本来持つ情報量を過大評価することにつながるため，好ましくないといわれています（石川，2012）。

3.4 平 均 値

計量的な言語研究では，単語の頻度や文の長さなどに関して，多数の数値を分析することがあります。そして，多数の数値をまとめて，1つの値で代表させるために**平均値**がよく用いられます。平均値とは，個々のデータのでこぼこ（大小）を「平らに均した値」を表し，データの合計をで割ることで求められます[4]。

$$平均値 = \frac{データの合計}{データの個数}$$

たとえば，テキストにおける文の長さ（一文に含まれる単語の数）の平均を**平均文長**といいます。以下の (3)〜(5) の文は Conan Doyle の *Adventures of Sherlock Holmes* の冒頭 3 文です。

(3) To Sherlock Holmes she is always *the* woman. （8 語）

(4) I have seldom heard him mention her under any other name. （11 語）

(5) In his eyes she eclipses and predominates the whole of her sex. （12 語）

(3)〜(5) の文は，それぞれ 8 語，11 語，12 語からなっています[5]。そして，これら 3 つの文の平均文長を求めると，10.33 語（小数点以下第 3 位で四捨五入）となります。

$$平均文長 = \frac{8 + 11 + 12}{3} = \mathbf{10.33}$$

---

[4] 平均値は，Excel の AVERAGE 関数などで求めることができます。

[5] ここでは，単語の数を数えるにあたって，ピリオドは除外しています。

表 3.4　単語の文字数

To	Sherlock	Holmes	she	is	always	the	woman
2	8	6	3	2	6	3	5

　また，個々の単語における文字数の平均を**平均単語長**といいます。表 3.4 は，(3) の文における 8 つの単語の文字数を調べた結果です。この文の平均単語長を計算すると，4.38（小数点以下第 3 位で四捨五入）となります。

$$平均単語長 = \frac{2+8+6+3+2+6+3+5}{8} = 4.38$$

　平均文長や平均単語長は，文体研究などで古くから用いられてきた指標です（Kenny, 1982）。ここでは少数のデータから平均値を計算しましたが，より多くのデータを扱う場合にも同じ計算方法を用います。また，WordSmith[6] のようなコーパス分析ツールを用いると，平均文長や平均単語長を簡単に計算することができます。

3.5　最大値・最小値・範囲

　前節では，多数の数値をまとめて，平均値に要約しました。続く本節では，データのばらつきを分析します。データのばらつきを見ることで，平均値だけからはわからないデータの性質を知ることができます。

　データのばらつきを測るための最も簡単な方法は，**最大値**，**最小値**，**範囲**の 3 つを調べることです。これの数値を調べることで，データがばらついている「幅」を知ることができます。

　　　最大値＝データの中で最も大きい値

　　　最小値＝データの中で最も小さい値

　　　範囲＝最大値−最小値

---

[6] https://lexically.net/wordsmith/

図 3.1 は，BNC（1.1 節参照）の 9 つの Text Domain における "report" という単語の頻度（100 万語あたりの相対頻度）を用いて，最大値，最小値，範囲のイメージを示したものです[*7]。

図 3.1 最大値，最小値，範囲のイメージ

最大値，最小値，範囲は，以下のような手順で計算します[*8]。

① データを値の小さい順に並び替える
 [57.35　82.13　91.85　134.60　197.44　322.83　381.42　395.21　420.60]
② 最も大きい値を調べる
 [57.35　82.13　91.85　134.60　197.44　322.83　381.42　395.21　**420.60**]
 → **最大値は 420.60**
③ 最も小さい値を調べる
 [**57.35**　82.13　91.85　134.60　197.44　322.83　381.42　395.21　420.60]
 → **最小値は 57.35**
④ 最も大きい値（最大値）から最も小さい値（最小値）を引く
 420.60 − 57.35 = 363.25
 → **範囲は 363.25**

いうまでもなく，コーパスに収録された個々のテキストにおける言語使用は

[*7] このデータは，BNCweb（http://bncweb.lancs.ac.uk/bncwebSignup/user/index.php）を用いて作成しました。また，9 つの Text Domain は，(1) Informative：Applied science（応用科学），(2) Informative：Social science（社会科学），(3) Informative：Commerce and finance（商業・金融），(4) Informative：World affairs（国際問題），(5) Informative：Natural and pure sciences（自然科学），(6) Informative：Leisure（娯楽），(7) Informative：Belief and thought（思想），(8) Informative：Arts（人文科学），(9) Imaginative prose（文学作品）です。なお，BNC における "Imaginative"（文学作品）と "Informative"（情報伝達文）は，大まかに「フィクション」と「ノンフィクション」に相当するものです。

[*8] 最大値と最小値は，Excel の MAX 関数と MIN 関数などで求めることができます。

均質ではありません。つまり，ある単語の使用頻度を調べる場合，同じ書き言葉であっても小説と新聞記事で頻度が異なったり，同じ新聞記事であっても政治面とスポーツ面で頻度が異なったりすることがあります。さらにいえば，同じ新聞の政治面であっても，日付によって頻度の違いがあるかもしれません。最大値，最小値，範囲を確認することで，このようなコーパスの内的多様性（McEnery & Hardie, 2011）を分析することが可能になります。

3.6 分散・標準偏差

統計学では，データのばらつき具合を１つの数値で表したい場合，前節で紹介した範囲だけでなく，**分散**や**標準偏差**といった指標が用いられます。

分散は，以下のような手順で計算します[9]。

① データの平均値（3.4 節参照）を調べる
② 個々のデータから平均値を引いた値（**偏差**）をすべて調べる
③ 偏差をすべて２乗した値（**偏差平方**）を調べる
④ 偏差平方の合計をデータ数で割った値（**分散**）を調べる

イメージとして，上記の①と②では，個々のデータがそれぞれ平均値からどれくらい離れているか（ばらついているか），を調べています。③で偏差を２乗しているのは，平均値よりも大きい値の偏差（正の値）と平均値よりも小さい値の偏差（負の値）が打ち消し合うことなく，すべてのデータがどれくらいばらついているかを調べるためです。④では，偏差平方の合計をデータ数で割ることで，データ数の影響を考慮しています（いうまでもなく，データの数が多いほど，偏差平方の合計は大きくなります）[10]。分散の値が大きいほどデータのばらつきが大きく，分散の値が小さいほどデータのばらつきが小さいことを表しています。

---

[9] 分散は，Excel の VAR.P 関数などで求めることができます。
[10] 厳密にいえば，ここで計算している分散は，**標本分散**といいます。標本分散は，データの数が少ないときに値が小さくなる傾向があります。そこで，データの数が少ないときには，偏差平方の合計を「データ数−1」で割った**不偏分散**を使うことがあります。

第 3 章　データの概要を調べる

表 3.5　分散の計算

データ （相対頻度）	偏差 （データ－平均値）	偏差平方 （偏差の 2 乗）
57.35	−174.14	30325.51
82.13	−149.36	22309.07
91.85	−139.64	19499.95
134.60	−96.89	9388.10
197.44	−34.05	1159.55
322.83	91.34	8342.59
381.42	149.93	22478.34
395.21	163.72	26803.51
420.60	189.11	35761.75
平均値は 231.49	偏差の合計は常に 0	**分散**（偏差平方の合計÷ データ数）は **19563.15**

　表 3.5 は，BNC における "report" という単語の相対頻度（100 万語あたり）から分散を計算する手順をまとめたものです。

　そして，分散の平方根をとった値を**標準偏差**といいます[11]。なぜ平方根をとるかというと，分散の計算過程で偏差を 2 乗したからです。したがって，分散の平方根をとり，元々のデータと同じ単位に戻すことで，データのばらつきを解釈しやすくします[12]。論文や報告書などで平均値を示す場合は，標準偏差も併記するとよいでしょう。

$$標準偏差 = \sqrt{分散}$$
$$標準偏差 = \sqrt{19563.15} = \mathbf{139.87}$$

3.7　中　央　値

　ここまで，データの平均値，そして，平均値に基づいた指標である分散と標準偏差について説明してきました。これら 3 つの指標は，言語研究のみならず，

---

[11] 標準偏差は，Excel の STDEV.P 関数などで求めることができます。

[12] ちなみに，データが正規分布という分布の仕方をしていると仮定すると，「平均値 − 標準偏差」から「平均値 + 標準偏差」の間に，すべてのデータの約 68% が含まれていると解釈できます。

3.7 中央値　　49

幅広い分野で活用されています。しかし，これらの指標には，**外れ値**の影響を
受けるという欠点があります。外れ値とは，他の値と比べて極めて大きい，も
しくは小さい値のことです。

　ここで，簡単な例を見てみましょう。1, 2, 3, 4, 5 という 5 つの値の平均
値は，以下のように 3 となります。

$$[1,\ 2,\ 3,\ 4,\ 5]\ \text{の平均値} = \frac{1+2+3+4+5}{5} = 3$$

　しかし，たとえば，最後の数値が 5 ではなく，50 という他の数値と比べて極
端に大きい数値であった場合，平均値は大きく変わります。

$$[1,\ 2,\ 3,\ 4,\ 50]\ \text{の平均値} = \frac{1+2+3+4+50}{5} = 12$$

　1, 2, 3, 4, 50 という 5 つの値の平均値は 12 です。12 という数値は，最初
の 4 つの値（1, 2, 3, 4）よりもかなり大きく，最後の値（50）よりはかなり
小さいものです。つまり，計算された平均値は，個々の値のいずれからも離れ
ていて，データ全体の特徴を的確に表しているとはいえません。

　上記の例のように，データに外れ値が含まれている場合は，平均値ではなく，
中央値を使うのが一般的です（Levshina, 2015）。中央値とは，個々の値を小
さい順（あるいは，大きい順）に並び替えたときに真ん中にある値のことで
す[13]。中央値を使うと，データの中に外れ値が含まれていたとしても，それほ
ど影響を受けずに，すべての値の「中心」を見つけることができます。先ほど
の例でいえば，1, 2, 3, 4, 5 という 5 つの値の中央値も，1, 2, 3, 4, 50 と
いう 5 つの値の中央値も，ともに 3 となります。

$$[1,\ 2,\ 3,\ 4,\ 5]\ \text{の中央値} = \quad 1 \quad 2 \quad \textbf{3} \quad 4 \quad 5 \quad = 3$$
$$[1,\ 2,\ 3,\ 4,\ 50]\ \text{の中央値} = \quad 1 \quad 2 \quad \textbf{3} \quad 4 \quad 50 \quad = 3$$

　なお，データの個数が偶数の場合は，真ん中にある 2 つの値の平均値が中央

---

[13] 中央値は，Excel の MEDIAN 関数などで求めることができます。

値となります。たとえば，1, 2, 3, 4という4つの値の中央値は，以下のように計算します。

①小さい順（もしくは，大きい順）に並び替え，中央の2つの値を見る

[1, 2, 3, 4] の中央値 = 1 **2 3** 4

②その2つの値の平均値を求める

$$\frac{2+3}{2} = 2.5$$

3.8 四分位偏差

中央値に基づくばらつきの指標として，**四分位数**や**四分位偏差**があります。

まず，四分位数とは，データを4等分する3つの値のことです。この3つの値は，小さい方から**第1四分位数**，**第2四分位数**，**第3四分位数**と呼ばれています[*14]。なお，第2四分位数は，中央値と同じものです。図3.2は，四分位数のイメージです。

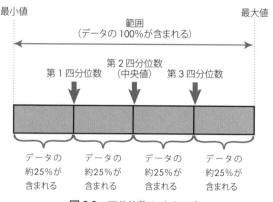

図3.2 四分位数のイメージ

四分位数を計算するには，まず，**内分点**という数値を求める必要があります。

[*14] 四分位数は，ExcelのQUARTILE関数などで求めることができます。

内分点には，第1四分位数の内分点（データを 25：75，すなわち 1：3 に分割
する点），第2四分位数の内分点（データを 50：50，すなわち 2：2 に分割する
点），第3四分位数の内分点（データを 75：25，すなわち 3：1 に分割する点）
の3種類があり，それぞれ以下のように計算します[15]。

$$第1四分位数の内分点 = \frac{3 \times 1 + 1 \times データの個数}{1+3}$$

$$第2四分位数の内分点 = \frac{2 \times 1 + 2 \times データの個数}{2+2}$$

$$第3四分位数の内分点 = \frac{1 \times 1 + 3 \times データの個数}{3+1}$$

　では，ここで実際のデータを使って，四分位数を計算してみましょう。表 3.6
は，Google Trends[16] というサービスを使って，映画 *Star Wars* シリーズの外
伝作品の1つである *Rogue One* のタイトル検索数（日本公開日である 2016 年
12 月 16 日から 4 週間分）を数えたものです[17]。表中の日付の横に書かれた数
値（79 や 100 など）は，最も検索数が多かった日を 100 として，個々の日の検

表 3.6　映画公開からの 4 週間における「ローグ・ワン」の検索数

第1週目		第2週目		第3週目		第4週目	
2016/12/16	79	2016/12/23	58	2016/12/30	49	2017/1/6	16
2016/12/17	100	2016/12/24	42	2016/12/31	30	2017/1/7	20
2016/12/18	94	2016/12/25	40	2017/1/1	33	2017/1/8	30
2016/12/19	51	2016/12/26	27	2017/1/2	42	2017/1/9	20
2016/12/20	49	2016/12/27	28	2017/1/3	27	2017/1/10	14
2016/12/21	44	2016/12/28	49	2017/1/4	17	2017/1/11	11
2016/12/22	31	2016/12/29	39	2017/1/5	15	2017/1/12	10

---

[15] 四分位数の計算には，複数の方法が存在します。ここで紹介している方法は，高校数学における四
　分位数の計算方法と異なります。

[16] https://trends.google.co.jp/trends/

[17] 具体的には，日本国内から Google で「ローグ・ワン」という文字列が検索された回数を数えてい
　ます。

索数を数値化した検索インタレストという指標です。つまり，「ローグ・ワン」という（日本語の）単語が最も多く検索されたのは 2016 年 12 月 17 日（この日の検索インタレストは 100）で，2016 年 12 月 19 日（この日の検索インタレストは 51）の約 2 倍の検索数であったことがわかります。

ここでは，表 3.6 における第 1 週目の検索数を使って，第 1 四分位数，第 2 四分位数，第 3 四分位数を調べてみます。1 週間は 7 日なので，ここでの「データの個数」は 7 となります。

$$第 1 四分位数の内分点 = \frac{3 \times 1 + 1 \times 7}{1 + 3} = \mathbf{2.5}$$

$$第 2 四分位数の内分点 = \frac{2 \times 1 + 2 \times 7}{2 + 2} = \mathbf{4}$$

$$第 3 四分位数の内分点 = \frac{1 \times 1 + 3 \times 7}{3 + 1} = \mathbf{5.5}$$

上記の計算結果は，7 つのデータのうち，第 1 四分位数は（小さい方から数えて）2.5 番目のデータ，第 2 四分位数は 4 番目のデータ，第 3 四分位数は 5.5 番目のデータであることを示しています。

次に，第 1 週目のデータを小さい順に並び替えると，以下のようになります。

$$[31, \ 44, \ 49, \ 51, \ 79, \ 94, \ 100]$$

そして，4 番目の値である 51 が第 2 四分位数（中央値）となります。また，第 1 四分位数（2.5 番目のデータ）は，2 番目の値（44）と 3 番目の値（49）を使って，以下のように計算します。

$$第 1 四分位数 = 44 + (49 - 44) \times 0.5 = \mathbf{46.5}$$

同様に，第 3 四分位数（5.5 番目のデータ）は，5 番目の値（79）と 6 番目の値（94）を使って，以下のように計算します。

$$第 3 四分位数 = 79 + (94 - 79) \times 0.5 = \mathbf{86.5}$$

統計学では，最小値，第 1 四分位数，第 2 四分位数（中央値），第 3 四分位

3.8 四分位偏差

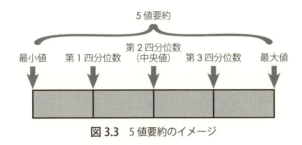

図 3.3 5 値要約のイメージ

表 3.7 第 1 週目の 5 値要約

最小値	第 1 四分位数	第 2 四分位数	第 3 四分位数	最大値
31	46.5	51	86.5	100

数,最大値という 5 つの値をまとめて確認することが多く,これを **5 値要約** といいます。図 3.3 は,5 値要約のイメージです。

表 3.7 は,第 1 週目の 5 値要約をまとめたものです。5 値要約を求めると,単に平均値や中央値だけを調べた場合と比べて,データのばらつきに関する多くの情報を得られます。

そうはいっても,ただ表を眺めているだけでは,よくわからないかもしれません。そのようなときは,**四分位範囲** と **四分位偏差** を計算します。図 3.4 は,四分位範囲のイメージです。四分位範囲や四分位偏差は,値が小さいほど中央値(第 2 四分位数)のまわりにデータが集まっていて,値が大きいほどデータがば

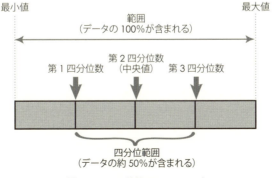

図 3.4 四分位範囲のイメージ

54　　　　　　　　第3章　データの概要を調べる

らついていることを表しています。四分位範囲と四分位偏差は，それぞれ以下
のように求めます。

$$四分位範囲＝第3四分位数－第1四分位数$$

$$四分位偏差＝\frac{四分位範囲}{2}$$

では，表3.7の数値をもとに，第1週目の四分位範囲と四分位偏差を計算し
てみましょう。

$$86.5－46.5＝40 \quad → \quad \textbf{四分位範囲は40}$$

$$\frac{40}{2}＝20 \quad → \quad \textbf{四分位偏差は20}$$

表3.8は，第1週目と同様に，第2週目から第4週目までの四分位範囲と四
分位偏差を計算した結果です（具体的な計算式は省略）。この表を見ると，第1
週目のばらつきが大きく，第2〜3週目でばらつきが減少し，第4週目でさらに
減少していることがわかります。

表3.8　各週における「ローグ・ワン」の検索数の四分位範囲と
四分位偏差

	第1週目	第2週目	第3週目	第4週目
四分位範囲	40	12	15.5	7.5
四分位偏差	20	6	7.75	3.75

　言語データの場合，一部の単語の頻度が他の単語の頻度よりも極めて高いこ
とがあります（p.35のコラム「Zipfの法則」参照）。分析データに外れ値が含ま
れる場合は，平均値や標準偏差だけではなく，中央値や四分位偏差も確認する
とよいでしょう。

コラム

🔍 ベストセラーに共通する要素

　計量的なテキスト分析の技法は，古典的な文学研究や言語学研究にとどまらず，幅広い分野で活用されています。たとえば，近年，ベストセラーに共通する要素を明らかにした *The Bestseller Code* という書籍（Archer & Jockers, 2016）が大きな話題となりました。この書籍によると，ベストセラー小説では，そうではない小説に比べて，"do" という動詞が 2 倍程度使われており，"very" という副詞が半分程度しか使われていないといった法則が存在します。そして，ベストセラー小説では，"n't" のような縮約形や "ugh" のようなくだけた表現が多用される一方，感嘆符の使用頻度が低いことなども指摘されています。また，同様の分析をした別の書籍（Blatt, 2017）では，優れた作家による優れた作品では，"really" や "interestingly" のような -ly 形の副詞の使用頻度が低いことが明らかにされています。これらの書籍は，「芸術」という人間の創造性に関わる領域を統計的に分析している点で非常に興味深いといえるでしょう。

第 **4** 章

データを可視化する

　本章では，データを可視化する方法について説明します[1]。テキストの分析結果をグラフなどの形式で視覚的に示すことで，分析結果を他人にわかりやすく伝えたり，分析者がデータ分析を始める際の手がかりを見つけたりすることができます。

■ 4.1　ヒストグラム

　本章では，データの可視化について学びます。データをグラフなどの形式で視覚的に示すことは，分析結果を他人にわかりやすく伝える上で非常に有効な手段です。それだけでなく，分析者がデータ分析を始める際の手がかりを与えてくれることもあります。かつて統計学者 John W. Tukey は，**探索的データ解析**という概念を提唱し，データ分析における可視化の重要性を指摘しました。彼は，数学的な統計理論だけでは十分なデータ分析ができないと考え，グラフを用いた直感的なアプローチを模索しました。以下，いくつかの基本的なグラフ形式を紹介します[2]。

　まず，本節では，**ヒストグラム**について説明します。ヒストグラムは，1つの分析項目からなるデータの概要を把握するために用いられます（分析項目が1つだけのデータのことを1次元データ，もしくは1変量データと呼びます）。そして，ヒストグラムでは，データが分布する範囲をいくつかの区間に分け，それぞれの区間の中にあるデータの数が棒の高さとして表現されます。このよ

---

[1] 本章の一部は，拙著『R によるやさしいテキストマイニング』（小林，2017a），『仕事に使えるクチコミ分析—テキストマイニングと統計学をマーケティングに活用する』（小林，2017c）の内容を加筆修正したものです。

[2] 本章のグラフは，特別に明記しない限り，R で描いています。

うな可視化を行うことで，平均値のような数値からだけではわからないデータの性質を明らかにすることができます。

ここで，1つ例を挙げてみましょう。ある中学校の4つのクラス（A～D組）で英語の期末テストを行った結果，すべてのクラスで平均点が55点だったとします（現実的にはあり得ないことですが，あくまで例として読んでください）。では，生徒の学力を向上させるためにすべてのクラスに同じ教育方法を用いればよいかというと，そうとは限りません。図4.1は，各クラスの生徒の得点分布をヒストグラムで表したものです。グラフの横軸がテストの点数（0～100点），縦軸は人数を表しています。この図を見ると，4つのクラスの平均点はまったく同じであるにもかかわらず，得点分布の形は大きく異なっています。たとえば，A組やB組は，C組やD組よりも学力のばらつきが大きいです。また，B組では，他の組と違って，できる生徒とできない生徒の二極化が見られます（0～10点付近と90～100点付近に多くの生徒がいます）。それに対して，D組では，40人全員が50～60点をとっています。このデータは人工的に作ったものですが，これと似たような現象は実際のデータ分析でも起こり得ます。そして，このような現象は，平均値を見るだけでは気づくことができません。したがって，データの特徴を視覚的に確認することは非常に重要です。

続いて，実際の言語データを使って，ヒストグラムを描いてみます。図4.2

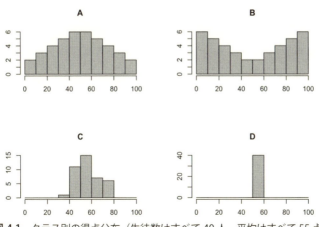

図 4.1 クラス別の得点分布（生徒数はすべて40人，平均はすべて55点）

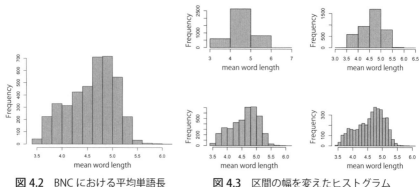

図 4.2 BNC における平均単語長　　**図 4.3** 区間の幅を変えたヒストグラム

は，BNC（1.1 節参照）に含まれている 4048 テキストにおける平均単語長を可視化した結果です[*3]。

　ヒストグラムを見る場合は，全体の形に注目します．具体的には，(1) 単峰か多峰か（ピークが 1 つか，2 つ以上か），(2) 左右対称か（左右のどちらかに偏っているか），(3) 外れ値があるか，などを確認します．図 4.2 の場合，ピークは 1 つで，左の裾が長く，外れ値がありません．もう少し詳しく見ると，4.5 〜5 文字からなる単語が最も多く，4.5 文字以下の単語よりも 5 文字以上の単語が少ないことがわかります．

　なお，ヒストグラムでは，データが分布する範囲をいくつの区間に分けるか（図中の棒の数を何本にするか）によって，全体の印象が変わります．図 4.3 は，図 4.2 と同じデータを異なる区間数で可視化した結果です．区間の幅に関する絶対的な基準はありませんが，ヒストグラムを使う場合は，区間の幅を変えるとデータに対する印象が変わることに留意しましょう．

[*3] この平均単語長のデータは，R の corpora パッケージ（https://CRAN.R-project.org/package=corpora）の BNCbiber データセットに含まれています．

4.2 箱ひげ図

データのばらつきを可視化したい場合は，**箱ひげ図**というグラフを用います。以下の表 4.1 は，映画公開から 4 週間分の「ローグ・ワン」のタイトル検索数の 5 値要約（3.8 節参照）です。

表 4.1 「ローグ・ワン」の検索数（週あたり）の 5 値要約

	第 1 週目	第 2 週目	第 3 週目	第 4 週目
最小値	31	27	15	10
第 1 四分位数	46.5	33.5	22	12.5
第 2 四分位数	51	40	30	16
第 3 四分位数	86.5	45.5	37.5	20
最大値	100	58	49	30

数字がたくさん並んだ表からデータの特徴を把握するのは大変です。そこで，そのようなときに箱ひげ図を描くと，データのばらつきを直感的に理解しやすくなります。図 4.4 に示されているように，箱ひげ図では中央の「箱」の中心に線が引いてあり，中央値（第 2 四分位数）を表しています。また，箱の両端が第 1 四分位数と第 3 四分位数に対応しています。そして，箱から伸びている「ひげ」の先端が最小値と最大値を示しています。

箱ひげ図は，データのばらつき具合によって，箱やひげの長さが伸びたり縮んだりします。図 4.5 に示されているように，幅が狭い部分はデータが集中し

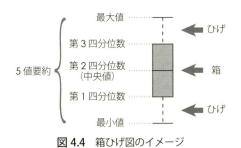

図 4.4 箱ひげ図のイメージ

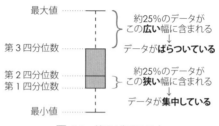

図 4.5 箱ひげ図の見方

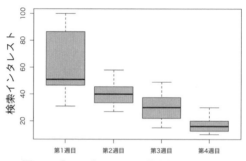

図 4.6 「ローグ・ワン」の検索数の箱ひげ図

ているところで，幅が広い部分はデータがばらついているところです。

図4.6は，4週間分の「ローグ・ワン」のタイトル検索数を箱ひげ図で可視化した結果です。この図を見ると，映画の公開から時間がたつにつれて徐々に検索数が減っていく過程がよくわかります。

なお，箱ひげ図の描き方には複数の方法があり，箱ひげ図に外れ値が表示されていることがあります。たとえば，1つの方法では，箱から伸びるひげの長さが以下のように定義されていて，定義されたひげの長さを超える値は外れ値とみなされます。

① 最小値の方向に伸びるひげ

　　第1四分位数＋1.5×四分位範囲

② 最大値の方向に伸びるひげ

　　第3四分位数＋1.5×四分位範囲

図 4.7 は，外れ値を表示する箱ひげ図のイメージです。

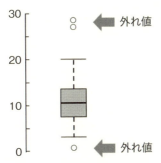

図 4.7 外れ値を表示する箱ひげ図のイメージ

4.3 折れ線グラフ

データの時系列変化を可視化したい場合は，**折れ線グラフ**を用いることも可能です。折れ線グラフを使うことで，細かい時間ごとの短期的な変化だけでなく，長期的な傾向を読み取ることができます。

図 4.8 は，Collins Online Dictionary[*4] で "shall" を検索した結果（の一部）です。この図では，1908 年から 2008 年までの 100 年間における "shall" の使用頻度の変化が可視化されています。この図では，横軸で年代，縦軸で使用頻度が表現されています。そして，"shall" の使用頻度は，小規模な増減を繰り返しながらも，100 年というスパンで見ると，明らかな頻度の減少傾向があります。

また，折れ線グラフを使って，複数のデータを比較することもできます。たとえば，図 4.9 は，Google Books Ngram Viewer[*5] を使って，1800 年から 2000 年の 200 年間における "burnt" と "burned"（いずれも "burn" という動詞の過去形・過去分詞形）の使用頻度の変化が可視化されています[*6]。この図を見ると，

[*4] https://www.collinsdictionary.com/
[*5] https://books.google.com/ngrams
[*6] この図は，*Uncharted: Big data as a lens on human culture*（Aiden & Michel, 2013）という本を参考に作成しました。

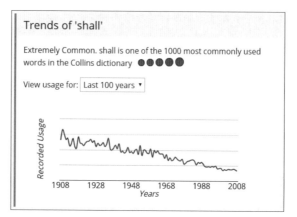

図 4.8 1908 年から 2008 年までの 100 年間における "shall" の使用頻度の変化

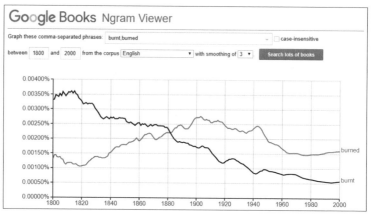

図 4.9 1800 年から 2000 年の 200 年間における "burnt" と "burned" の使用頻度の変化

1880 年頃までは "burnt" の頻度の方が高く，それ以降は "burned" の頻度の方が高くなっていく様子がよくわかります。

なお，時系列データの折れ線グラフで注目するポイントは，(1) 他よりも著しく値が高い（もしくは低い）のはいつか，(2) 全体として増加傾向（もしくは減少傾向）にあるか，(3) 周期的な変動が見られるか，の 3 点です。折れ線の全体的な形を眺めて，数値が著しく増加（もしくは減少）した時点を見つけたら，その時点（あるいは，その直前）に何があったのかを確認します。この

確認作業は，手許のデータを精査するだけで済むとは限りません。歴史的な事件や言語政策の変更が当時の言語使用に大きな影響を及ぼしている場合もあります。

4.4　円グラフ・帯グラフ

　言語研究では，テキストにおける品詞構成率，ポジティブな単語とネガティブな単語の比率，性別やジャンルによる言語使用の違いといったデータを分析することがあります。そのような割合のデータを可視化する方法の1つとして，**円グラフ**があります。円グラフは，全体に対する個々の項目の割合を視覚的に表現するグラフです。

　図4.10は，レビューサイトにおけるクチコミの評判分析を行い，ポジティブな単語，ネガティブな単語，ニュートラルな単語の割合をExcelの円グラフで可視化したものです。

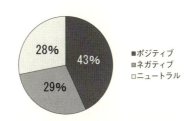

図4.10　評判分析の結果に基づく円グラフ

　このように，円グラフを使うと，割合のデータを直感的に理解しやすくなります。ただし，円グラフに含まれる項目の数が多過ぎると，とても見にくい図になってしまいます。したがって，似たような項目を1つにまとめたり，割合の小さい項目を「その他」にまとめたりするなどの工夫が必要になります。

　また，3Dの円グラフは，手前に配置されたデータが誇張され，元の数値の割合と異なった印象を与えるため，絶対に使ってはいけません。図4.11の3D円グラフは，絶対に作ってはいけないグラフの例です。手前にニュートラル（28%）を持ってくることで，最も割合の小さい項目が誇張されています（それと

同時に，他の2項目の印象が薄くなっています）。ほぼ同じ割合のネガティブ（29%）と見比べると，ニュートラルが誇張されているのがよくわかるでしょう。

図 4.11　絶対に作ってはいけない円グラフの例

ときどき大量の円グラフを並べた報告書などを見かけますが，それは必ずしも読み手にやさしい可視化とはいえません。複数のデータにおける割合を比較する場合は，円グラフではなく，**帯グラフ**を使うのがよいでしょう（帯グラフは，**100%積み上げ棒グラフ**とも呼ばれます）。

図 4.12 は，映画『風の谷のナウシカ』と『もののけ姫』の台本における文字種（ひらがな，カタカナ，漢字）の比率を比較する帯グラフです[*7]。この図を見ると，『もののけ姫』の方がひらがなの使用率が高く，『風の谷のナウシカ』の方が漢字の使用率が高いことがわかります。

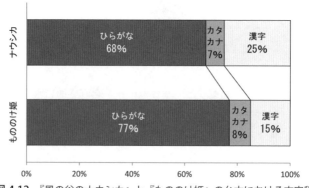

図 4.12　『風の谷のナウシカ』と『もののけ姫』の台本における文字種

[*7] 映画の台本における文字種の比率は，jReadability（https://jreadability.net/）で計算しました。

4.5 モザイクプロット

　言語研究では，複数のテキストやグループを比較することが多くあります。たとえば，男性と女性では，アンケートの自由回答記述における常体（だ，である調）と敬体（です，ます調）の使用率に違いがあるかもしれません。また，ブログ記事では，新聞記事よりも書き手の評価や意見を表す形容詞や副詞が多く用いられている可能性があります。このような〈テキストもしくはグループ×言語項目〉の分析を行う場合，表 4.2 のような**クロス集計表**が用いられます。表 4.2 は，COCA（Corpus of Contemporary American English）[8] の話し言葉（Spoken）と学術散文（Academic）のサブコーパスにおける "as though" と "as if"（いずれも「まるで〜であるかのように」という意味）の単純頻度を集計した結果です[9]。

表4.2 COCA の話し言葉と学術散文における
"as though" と "as if" の頻度

	as though	as if
Spoken	2068	4786
Academic	1286	5528

　図 4.13 は，表 4.2 のデータを**モザイクプロット**で可視化したものです。モザイクプロットでは，クロス集計表における個々のセルの頻度が頻度の合計に占める割合と，そのセルの項目が図中で占めている面積が対応しています。たとえば，図 4.13 を横方向に見ると，"as if" の面積の方が大きいので，話し言葉と学術散文の両方で "as if" の方が多く使用されていることがわかります。また，この図を縦方向に見ると，"as though" は話し言葉の方の頻度が高く，"as if" は学術散文の方の頻度が高いことがわかります。

---

[8] http://corpus.byu.edu/coca/
[9] COCA のデータは随時更新されているため，読者が検索した場合に表中の頻度と異なる結果が表示される可能性があります。

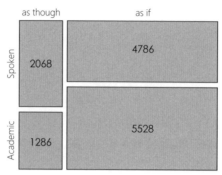

図 4.13 COCA の話し言葉と学術散文における "as though" と "as if" の可視化

クロス集計表を可視化する場合，前節で紹介した帯グラフを用いることもあります[*10]。しかし，横軸と縦軸の比率を同時に表現できるため，モザイクプロットの方が便利です。なお，クロス集計されたデータの統計処理については，第 5 章で詳しく説明します。

4.6 散布図

散布図は，2 つのデータの関連性を把握するために用いるグラフです。散布図では，2 次元データ（2 変量データ）が可視化されます。図 4.14 は，Lewis Carroll の *Alice's adventures in wonderland* の冒頭 20000 語における総語数 (tokens) と異語数 (types) の関係を散布図にしたものです。この図を見ると，テキストの総語数が増えていくと，異語数も増えていくことがわかります。また，総語数が増えていくにつれて，異語数の増加率が徐々に小さくなっていることもわかります。

また，計量的な日本語研究では，**名詞率**と **MVR**（modifier-verb ratio）という指標を散布図で可視化することで，テキストを分類することがあります（樺島・寿岳，1965）。まず，名詞率は，以下の手順で求めることができます。

[*10] モザイクプロットは，行や列が 3 つ以上あるクロス集計表に対して適用することもできます。

4.6 散布図

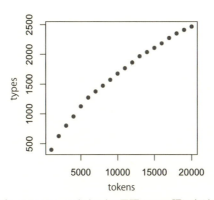

図 4.14 *Alice's adventures in wonderland* の冒頭 20000 語における総語数と異語数

$$名詞率 = \frac{名詞の頻度}{総語数} \times 100$$

名詞は「文の骨組みとなり，何が，何を，いつ，どこでを表す」ものであるため（伊藤, 2017），名詞率は文章に含まれる情報量と密接に関わります。名詞率の高い文章は「要約的」な文章であり，名詞率の低い文章は「描写的」な文章であるとされます。

MVR は，以下の式で求めます[*11]。

$$MVR = \frac{相（形容詞・形容動詞・副詞・連体詞）の頻度}{体（動詞）の頻度} \times 100$$

MVR の値が（相対的に）大きい場合，その文章は，質や様子を述べる「ありさま描写的」であるとされます。逆に，MVR の値が（相対的に）小さい場合，その文章は，行動や変化を述べる「動き描写的」であるとされます。

表 4.3 は，9 種類の例文から計算した名詞率（N）と MVR をまとめたものです。この表では，名詞率と MVR の値によって，それぞれ例文が「要約的」か，「ありさま描写的」か，「動き描写的」かが判定されています[*12]。

[*11] MVR の計算方法には，品詞体系，相や体の定義の違いによって複数の方法が存在します。
[*12] このデータおよび判定結果は，『文体の科学』（樺島・寿岳, 1965）で紹介されているものです。

表 4.3　9 種類の例文から計算した名詞率（N）と MVR

例文	作者	作品	表現	名詞率（N）	MVR
1	大岡昇平	武蔵野夫人	要約的	57	30
2	佐藤春夫	田園の憂鬱 1	ありさま描写的	49	89
3	梶井基次郎	交尾	動き描写的	40	48
4	里見弴	みごとな醜聞	要約的	54	19
5	久米正雄	破船 1	ありさま描写的	44	92
6	久米正雄	破船 2	動き描写的	35	79
7	佐藤春夫	田園の憂鬱 2	ありさま描写的	49	83
8	佐藤春夫	田園の憂鬱 3	動き描写的	46	44
9	菊池寛	恩讐の彼方に	動き描写的	49	35

　図 4.15 は，表 4.3 の 9 種類の例文における名詞率と MVR の関係を散布図で可視化した結果です．この図では，相対的に名詞率が高く MVR が小さい例文（1, 4）は「要約的」な文章（×）と判定されています．また，相対的に名詞率が低く MVR が大きい例文（2, 5, 7）が「ありさま描写的」な文章（▲）で，相対的に名詞率が低く MVR が小さい例文（3, 6, 8, 9）が「動き描写的」な文章（●）と判定されています．

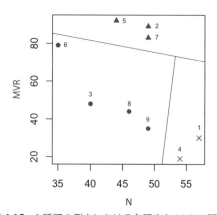

図 4.15　9 種類の例文における名詞率と MVR の関係

4.7 ワードクラウド・棒グラフ

言語データに特化した可視化の方法として，**ワードクラウド**があります。ワードクラウドは，テキスト中で出現頻度の高い単語を抽出し，その頻度に応じた大きさで表示する方法です。図 4.16 は，User Local を用いて，太宰治の『走れメロス』の高頻度語（名詞・動詞・形容詞・感動詞）をワードクラウドで描いたものです。

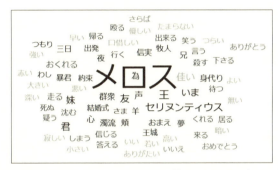

図 4.16 『走れメロス』のワードクラウド（名詞・動詞・形容詞・感動詞）

ワードクラウドでは，テキストに高い頻度で現れている単語が大きいフォントで表示されています。図 4.16 を見ると，『走れメロス』には，「メロス」という単語のほか，「友」や「王」，「セリヌンティウス」といった単語が高頻度で現れていることがわかります。

近年，ワードクラウドは非常に人気のある可視化の手法であり，様々な論文やメディアなどで活用されています。しかし，テキストにおける単語の頻度を分析するという目的では，ワードクラウドが最適な可視化の方法であるとは限りません。たとえば，図 4.16 を見て，頻度上位 10 位までの単語をすぐに見つけられるでしょうか。上位の数語はすぐに見つけられると思いますが，上位 10 位や上位 20 位までの単語を正確に見つけるのは骨が折れるでしょう。

ワードクラウドは，単に単語の頻度の高低（＝文字の大小）を比較し，図中

70　　　　　　　　第4章　データを可視化する

にランダムに配置しているだけです。そして，人間の目は，文字の大小関係を
一度にたくさん把握するのが必ずしも得意ではありません。その結果，分析者
の目に「たまたま」とまった単語に注意が向けられ，恣意的な解釈を招く危険
性もあります。

　単語の頻度に関する順位について知りたければ，頻度上位の単語を**棒グラフ**
で可視化する方がよほど効果的です。図 4.17 は，User Local でワードクラウド
とともに表示される棒グラフ（の一部）です[*13]。この図を見ると，『走れメロス』
における高頻度語の順位と頻度が一目瞭然です。単語の頻度の高低を議論する
のであれば，見た目がキャッチーなだけのワードクラウドではなく，シンプル
な棒グラフなどで可視化するのを推奨します。

▮名詞	スコア ▾	出現頻度 ▾
メロス	476.28	76
王	76.46	18
セリヌンティウス	60.00	15
友	60.00	15
おまえ	11.66	15
君	49.50	13
妹	44.41	12
いま	44.41	12
声	29.90	9
わし	2.26	8
心	21.00	7
群衆	21.00	7
結婚式	1.30	6
さま	0.60	6
暴君	12.00	6

▮動詞	スコア ▾	出現頻度 ▾
走る	6.72	24
くれる	0.54	21
殺す	3.75	17
行く	0.16	13
言う	0.11	13
出来る	0.40	12
信じる	1.28	11
死ぬ	0.36	10
来る	0.17	10
帰る	0.26	9
待つ	0.46	9
下さる	0.24	8
笑う	0.49	8
沈む	3.32	8
しまう	0.08	7

図 4.17　『走れメロス』の高頻度語の棒グラフ（名詞と動詞のみ）

[*13]　図中の「スコア」は，「一般的なテキストに頻出する単語は，重要ではないため，重みづけを軽く
する」，いいかえれば，「一般的なテキストではあまり出現しないが，分析対象の文書だけに頻出す
る単語は重視する」という考えに基づいて，各単語の重要度を計算したものです。具体的には，TF-
IDF（6.3 節参照）という統計処理を行っています。

4.8 共起ネットワーク

個別の単語の出現頻度ではなく，単語と単語の共起（2.2 節を参照）を可視化する場合は，**共起ネットワーク**を用います。共起ネットワークでは，テキスト中でよく一緒に使われる単語同士が線で結ばれています[*14]。図 4.18 は，User Local を用いて，「ブラックサンダー」という商品名を含むツイート（1000 件，2017 年 2 月 2 日に収集）から共起ネットワークを作成した結果です。この図を見ると，「ブラックサンダー」という商品名が「バレンタイン」，「欲しい」，「あげる」などの単語とよく共起していることがわかります。

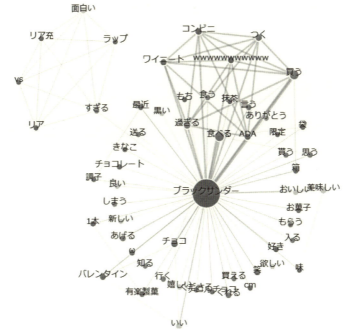

図 4.18 「ブラックサンダー」という商品名を含むツイートの共起ネットワーク

[*14] 共起ネットワークにおける線の引き方や単語の配置の仕方には，複数の方法があります。

より言語学的な分析に共起ネットワークを活用することも可能です。たとえば，語彙研究では，特定の形容詞と共起しやすい名詞を抽出することで，辞書編纂などに有益な情報が得られるでしょう。また，ある動詞が主にポジティブな（あるいは，ネガティブな）意味を持つ名詞と共起するといった傾向を発見することで，単語の意味に関する分析を行うことができます（単語と意味の共起については，p.111 のコラム「単語と文法・構文・意味の共起」を参照）。

コラム

🔍 クチコミ分析

　現在，SNS，ブログ，掲示板，コミュニティサイトなどには，様々な商品やサービスに対する感想や評価が書かれています。そして，そのようなインターネット上に溢れる消費者の「声」を対象とする**クチコミ分析**の技術は，マーケティング，ブランド調査，キャンペーン反響測定，風評調査などにとって非常に重要なものになりつつあります（小林，2017c）。

　クチコミ分析を行うことで，特定の商品に関して，消費者が評価している点，改善すべき点，ニッチな要望などに関する情報が得られます。たとえば，麺の固さを売りにしているラーメンに関するクチコミを分析し，消費者は麺の固さよりもスープの味に価値を見出していることが判明した場合は，スープのうまさを前面に出したキャッチコピーを広告に用いるといった施策を行います（佐藤・浅野，2013）。また，他社の競合商品のクチコミを分析することで，新商品開発のヒントを探ります（村本，2007）。このようなクチコミ分析は，計量的なテキスト分析の手法をビジネスに応用したものです。

第 5 章

データの違いを検証する

本章では,複数のデータの間に見られる頻度の差が統計的に有意味な差なのか否かを判断するための統計手法について説明します[*1]。具体的には,χ^2 検定という仮説検定の方法,オッズ比,ϕ 係数,Cramér の V といった効果量の指標などを扱います。

5.1 仮説検定

推測統計学

前章までに説明してきた統計はすべて,手許のデータの特性を数値やグラフで表す**記述統計学**の技法です。そして,統計学には,手許のデータの特性を分析することで,その背後にある,より大きなデータの全体像を推し量る**推測統計学**という技法も存在します。図 5.1 にあるように,統計学は,記述統計学と推測統計学の 2 つに大まかに分けられます[*2]。

図 5.1 記述統計学と推測統計学

[*1] 本章の一部は,拙論「言語統計の基礎(前編)—頻度差の検定」(小林,2013a),「コーパス言語学研究における頻度差の検定と効果量」(小林,2015),拙著『仕事に使えるクチコミ分析—テキストマイニングと統計学をマーケティングに活用する』(小林,2017c)の内容を加筆修正したものです。

[*2] 統計学を記述統計学と推測統計学の 2 つ以外に分ける立場もあります。

推測統計学では，手許のデータを「関心のあるデータ全体」ではなく，「関心のあるデータの一部」であると考えます。たとえば，SNSにおける100人のユーザーのクチコミを分析するとき，我々が知りたいのはその100人「だけ」の意見や評価ではなく，より多くの人々の声であるはずです。このような観点からすると，実際に分析した100人分のデータは，本来分析対象としたいデータから抜き出された一部分，つまり見本のようなものです。統計学では，このような見本を標本と呼び，「本来分析対象としたいデータ」を母集団と呼びます（母集団と標本については，1.1節も参照）。

ごく簡単にいえば，推測統計学は，母集団の「一部」である標本を分析することで，母集団「全体」の特性を推測するための手法です。「データの一部から全体を推測する」というと難しく感じるかもしれませんが，我々は同じようなことを日常生活でも行っています。スープの塩加減をチェックするときのことをイメージしてください。我々は，決して鍋のスープを全部飲み干すことはせずに，ほんの少し味見をするだけで全体の塩加減を判断しているはずです。推測統計学でも同様に，一部のデータを吟味することで，残りのデータについて判断します。

なお，ここで注意すべきことが1つあります。それは，推測統計学では，手許にある標本の性質が母集団の特性と大きく異なっていると，信頼できる推定結果が得られないということです。たとえば，インターネット上のクチコミには，何らかの理由でコンピュータやインターネットを使えない人の声は反映されていません。したがって，SNSにおけるクチコミの分析結果を解釈する場合は，調査対象となっているユーザーの年代や性別などの偏りを考慮する必要があるでしょう。Twitterの調査結果は，Twitterユーザーの動向を示すものであって，すべての人の動向を反映しているとは限りません。同様に，特定の新聞の記事から得られた分析結果は，その新聞社の報道を反映しているのであって，他の新聞社の報道とは異なる可能性があります。このような点に留意し，分析結果を報告する場合は，過剰な一般化をしないように気をつける必要があります。

帰無仮説と対立仮説

複数の標本における数値の差が偶然によるものか，それとも母集団における

差を反映するものなのかを推測するには，**仮説検定**という分析を行います。仮説検定とは，手許のデータ（標本）の分析結果を母集団の性質として一般化できるかどうかを判断するためのものです。たとえば，BNC（イギリス英語コーパス）とCOCA（アメリカ英語コーパス）という標本の間に見られる頻度の差を「イギリス英語全体」と「アメリカ英語全体」という母集団の間に存在する差（偶然によるものではない差＝統計的に有意味な差）と判断するのが妥当なのかを知りたい場合などに用いられます。

　仮説検定では，最初に2つの仮説を立てます。1つは「比較しているデータ間に**差がない**」というもので，これを**帰無仮説**といいます。たとえば，イギリス英語とアメリカ英語の比較を例として考えると，「イギリス英語（全体）とアメリカ英語（全体）において，分析対象としている単語の頻度に統計的に有意味な差がない」という仮説が帰無仮説となります。もう1つは，「比較しているデータ間に**差がある**」というもので，こちらを**対立仮説**と呼びます。先ほどの例の場合は，「イギリス英語（全体）とアメリカ英語（全体）において，分析対象としている単語の頻度に統計的に有意味な差がある」という仮説が対立仮説となります。

　そして，仮説検定では，帰無仮説，つまり「差がない」という仮説に基づいて，その仮説の確からしさを計算します（この「確からしさ」を**検定統計量**といいます）。もし帰無仮説が正しい可能性が高ければ，帰無仮説を受け入れて，「差が見られない」という結論を導きます[3]。逆に，帰無仮説が正しい可能性が非常に低ければ，帰無仮説を棄却し（対立仮説を受け入れて），「差がある」と結論します。初めての人にはこの手順が少しわかりづらいと思いますので，図5.2で整理します。

　なお，仮説検定では，帰無仮説が正しい確率がどれくらいであれば帰無仮説を受け入れるのかという基準をあらかじめ決めておきます（この基準を**有意水準**といいます）。一般的には，帰無仮説が正しい確率が5%よりも低い場合に帰

---

[3] 帰無仮説が受け入れられた場合，「差がない」という結論ではなく，「差が見られない」（＝差があるかもしれないが，今回の分析では発見されなかった）という結論が導かれることに注意してください。

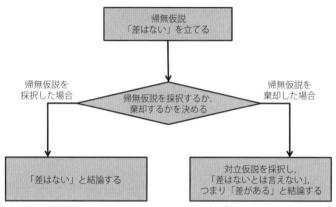

図 5.2 帰無仮説の検証[*4]

無仮説を棄却し,「差がある」とみなします[*5]。このように仮説検定は確率に基づく推測であるため,差の有無に関する判定が間違っていることもあります[*6]。

■ χ^2 検定

仮説検定の手法には様々なものがありますが,言語研究においては,χ^2 **検定**がよく使われます（Baker, Hardie, & McEnery, 2006）。χ^2 検定を行うには,百分率や相対頻度ではなく,実際にデータ中に何回出てきたかという単純頻度のクロス集計表（4.5 節参照）を用意します。以下の表 4.2（再掲）は,COCAの話し言葉（Spoken）と学術散文（Academic）のサブコーパスにおける "as though" と "as if"（いずれも「まるで〜であるかのように」という意味）の単純頻度のクロス集計表です。ここでは,この表のデータを例に,χ^2 検定を説明します。

ここで,前項で説明した仮説検定の考え方を思い出してみましょう。仮説検定では,帰無仮説（「比較しているデータ間に差がない」という仮説）と対立仮

[*4] この図は,向後・冨永（2007）の図を参考に描かれています。
[*5] 分析の目的や研究分野によっては,1%や0.1%などの有意水準を設定することもあります。
[*6] 有意水準が5%の場合,理論上は20回に1回程度の間違いがあります。

5.1 仮説検定 　77

表 4.2　COCA の話し言葉と学術散文における "as though" と "as if" の頻度（再掲）

	as though	as if
Spoken	2068	4786
Academic	1286	5528

説（「比較しているデータ間に差がある」という仮説）という 2 つの仮説を立て
ます。表 4.2 の例では，「話し言葉と学術散文では，"as though" と "as if" の使用
頻度に統計的に有意味な差がない」という仮説が帰無仮説となり，「話し言葉と
学術散文では，"as though" と "as if" の使用頻度に統計的に有意味な差がある」
という仮説が対立仮説となります。

　χ^2 検定では，実際にデータから得られた頻度（**実測値**）と，「比較している
データ間に差がない」と仮定した場合の理論的な頻度（**期待値**）の差の大きさ
を調べることで，比較しているデータ間に見られる差が偶然によるものかどう
かを確率的に判断します。表 4.2 の例でいえば，期待値は，COCA の話し言葉
と学術散文における "as though" と "as if" の使用頻度がまったく同じ場合の数
値となります。そして，期待値は，行合計，列合計，総合計（行合計もしくは
列合計の合計）という 3 つの値を使うことで計算できます。

$$期待値 = \frac{行合計 \times 列合計}{総合計}$$

　まず，表 5.1 は，表 4.2 から行合計，列合計，総合計を計算した結果です。

表 5.1　行合計，列合計，総合計の計算

	as though	as if	行合計
Spoken	2068	4786	6854
Academic	1286	5528	6814
列合計	3354	10314	13668

↑総合計

　次に，行合計，列合計，総合計を使って，期待値を計算します。

話し言葉における "as though" の期待値

$$= \frac{6854 \times 3354}{13668} \fallingdotseq \mathbf{1681.91}$$

話し言葉における "as if" の期待値

$$= \frac{6854 \times 10314}{13668} \fallingdotseq \mathbf{5172.09}$$

学術散文における "as though" の期待値

$$= \frac{6814 \times 3354}{13668} \fallingdotseq \mathbf{1672.09}$$

学術散文における "as if" の期待値

$$= \frac{6814 \times 10314}{13668} \fallingdotseq \mathbf{5141.91}$$

表 5.2 は，上記で計算した 4 つの期待値をまとめたものです。

表 5.2 COCA の話し言葉と学術散文における "as though" と "as if" の期待値

	as though	as if
Spoken	1681.91	5172.09
Academic	1672.09	5141.91

ここで，実測値（表 4.2）と期待値（表 5.2）を見比べてみましょう。図 5.3 は，実測値と期待値をモザイクプロット（4.5 節参照）で表したものです。この図を見ると，話し言葉では "as if" の頻度が期待値よりも高く，学術散文では "as though" の頻度が期待値よりも高いことがわかります。そして，期待値が「比較しているデータ間に差がない」と仮定した場合の理論的な頻度であることも一目瞭然です。

χ^2 検定では，このような実測値と期待値の「ずれ」の大きさを χ^2 **値**で表します[7]。χ^2 値は，以下のように計算します。

---

[7] 実測値，あるいは期待値に 5 未満の数値が含まれている場合，χ^2 検定の結果は信頼性に欠けます。5 未満の数値が含まれる場合は，Fisher の正確確率検定（Gries, 2013）など，他の仮説検定を用います。

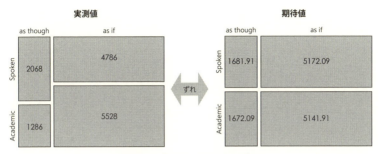

図 5.3 実測値と期待値のずれ

$$\chi^2 \text{値} = \frac{(\text{実測値} - \text{期待値})^2}{\text{期待値}} \text{の総和}$$

少し複雑な式に見えるかもしれませんが，χ^2 値は，以下のような意味を持っています。

(1) 実測値と期待値が完全に一致すると，χ^2 値は 0 になる
(2) 実測値と期待値の「ずれ」が大きいほど，χ^2 値は大きな値になる

では，表 4.2 の実測値と表 5.2 の期待値を使って，χ^2 値を求めてみましょう。

$$\begin{aligned}
\chi^2 \text{値} &= \frac{(2068-1681.91)^2}{1681.91} + \frac{(4786-5172.09)^2}{5172.09} \\
&\quad + \frac{(1286-1672.09)^2}{1672.09} + \frac{(5528-5141.91)^2}{5141.91} \\
&\fallingdotseq \mathbf{235.59}
\end{aligned}$$

計算の結果，χ^2 値が 235.59 であることがわかりました。χ^2 値が 0 ではないので，実測値と期待値の間にある程度の「ずれ」があるようです。そして，実測値と期待値の間に見られる「ずれ」がどれくらい意味のあるものなのかを判断するには，**χ^2 分布**に関する知識が必要となります。χ^2 分布を使うと，実測値と期待値の間に見られた「ずれ」がどれくらいの確率で起こり得るものなのかを判断することができます。

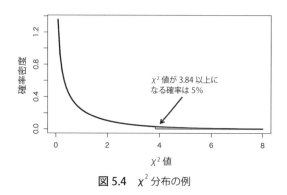

図 5.4　χ^2 分布の例

　χ^2 分布とは，図 5.4 のようなものです[*8]。この図の縦軸にある**確率密度**とは，横軸が○○のところで切った右側の面積（図中のグレーの部分）が「χ^2 値が○○以上になる確率」となるように決めたものです。そして，一般的に統計学では，5%（つまり，20 回に 1 回）程度しか見られない「ずれ」を非常に珍しいものであるとみなします。なお，この図では，χ^2 値が 3.84 以上になる確率は 5%となります。

　前述のように，仮説検定では，帰無仮説（「差がない」という仮説）が正しい確率が 5%よりも低い場合に帰無仮説を棄却し，「差がある」とみなすのが一般的です。そして，χ^2 検定でも，χ^2 値が 3.84 以上となる「ずれ」が見られた場合，それが 5%（20 回に 1 回）以下しか起きない珍しいものであると判断し，「比較しているデータ間に差がない」という帰無仮説を棄却します。つまり，χ^2 値が 3.84 以上であれば，「比較しているデータ間に統計的に有意味な差（**有意差**）がある」という結論を導きます。

> 2 行×2 列のクロス集計表の場合，
> χ^2 値が 3.84 以上であれば，有意水準 5%の有意差がある

　先ほど，話し言葉と学術散文における "as though" と "as if" の使用頻度から χ^2 値を計算しました。その計算結果は 235.59 で，3.84 よりも大きい値でした。

[*8] この図は，自由度（後述）が 1 の場合の χ^2 分布です。

5.1 仮説検定 81

したがって，「現代アメリカ英語において，話し言葉と学術散文の間に"as though"と"as if"の頻度に差はない」という帰無仮説を棄却し，「現代アメリカ英語において，話し言葉と学術散文の間に"as though"と"as if"の頻度に差がある」という対立仮説を採択します。

　ちなみに，χ^2 検定は，2行×2列のクロス集計表の分析に用いられることが多いですが，それよりも大きいクロス集計表（たとえば，3行×4列）を分析することも可能です。しかし，2行×2列よりも大きいクロス集計表（たとえば，2行×3列）を分析する場合は，その表の大きさに応じて，分析に用いる χ^2 分布が異なります。統計学では，このような「表の大きさ」を**自由度**という値で表し，以下のような式で計算されます[*9)]。

$$自由度 = (行数 - 1) \times (列数 - 1)$$

つまり，2行×2列のクロス集計表の自由度は，

$$(2-1) \times (2-1) = 1$$

となり，2行×3列のクロス集計表の自由度は，

$$(2-1) \times (3-1) = 2$$

となります。図 5.5 は，自由度が 1～3 の χ^2 分布です。この図を見ると，自由度によって分布の形が変化するのがわかるでしょう。

　表 5.3 は，自由度が 1～3 のときに確率密度が 5% となる χ^2 値をまとめたものです。自由度が 4 以上の場合や有意水準が 1% や 0.1% の χ^2 検定を行う場合は，統計学の専門書（e.g., Oakes, 1998）に書かれた χ^2 分布表を参照してください。

[*9)] 自由度は，行合計や列合計がわかっているクロス集計表があるとき，表の中のいくつの数値を自由に決められるかを表しています。たとえば，2×2のクロス集計表（自由度は1）には4つの数値が入りますが，どこか1つの数値を決めてしまうと，残りの3つは（自分で決めた数値を行合計や列合計から引くことで）自動的に決まります。また，2×3のクロス集計表（自由度は2）には6つの数値が入り，どこか2つの数値を決めれば，残りの4つは自動的に決まります。もし興味があったら，自分で適当な表を作って，試してみてください。「行合計や列合計がわかっている」というのがミソです。

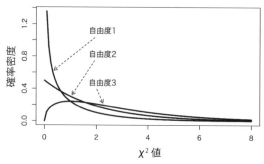

図 5.5 自由度が 1〜3 の χ^2 分布

表 5.3 自由度が 1〜3 のときに確率密度が 5% となる χ^2 値

自由度	χ^2 値
1	3.84
2	5.99
3	7.81

　χ^2 検定は，複数のデータにおける複数の言語項目の使用パターンに差があるか否かを調べるための手法です。この手法は，複数の話者のスピーチにおける常体と敬体の使用頻度，複数の時代区分における単語の使用頻度，複数のジャンルのテキストにおける品詞の使用頻度など，アイデア次第で様々な分析に応用することができます。また，頻度差を分析するための仮説検定としては，χ^2 検定以外にも，対数尤度比検定（Dunning, 1993）（6.1 節参照）や Fisher の正確確率検定（Gries, 2013）などがあります。

コラム

🔍 多重比較

　2 行×2 列よりも大きいクロス集計表に χ^2 検定を実行する場合，注意しなければならないことがあります。それは，検定結果で有意差が見られたとしても，それは「表の『どこか』に差がある」ということを示しているに過ぎないということです。具体的に「どこに」差があるのかを知るためには，**多重比較**という追加の分析をしなければなりません。

　たとえば，X と Y という単語の使用頻度に関して，A, B, C という 3 つのコー

パスの間に有意な差が見られたとします。そのような場合に行う多重比較の方法の1つとして，AとB，AとC，BとCというすべてのコーパスの組み合わせに対して検定を繰り返すという方法があります[10]。

　そして，それぞれの組み合わせからχ^2値を計算し，有意差の有無を判断する際に，帰無仮説を棄却するための有意水準を3で割ります（たとえば，0.05÷3＝0.017）。なぜかというと，有意水準が5%の検定を3回繰り返すと，検定の結果が間違っている確率が15%になってしまうからです（5×3＝15）[11]。このように，検定をn回繰り返した場合に有意水準もnで割るという手続きを**Bonferroni補正**といいます。ただし，nの数が大きくなるにつれて，データ中に存在するはずの差を正しく検出できなくなるという欠点もあります[12]。したがって，行や列を多く含む表を分析する場合は，次節で紹介する効果量などの方法などを検討してみてください。

5.2　効　果　量

検定とサンプルサイズ

　検定は，データ間の差の有無を議論するときに便利な手法ですが，注意すべき点もあります。それは，検定結果がサンプルサイズ（表中の値の大きさ）の影響を受けることです。百聞は一見にしかずということで，以下に例を示します。表5.4は，コーパスAとコーパスBにおける単語Xと単語Yの頻度を集計した結果（サンプルデータ）です。

表5.4　χ^2検定のためのサンプルデータ

	単語 X	単語 Y
コーパス A	96	54
コーパス B	52	48

---

[10] 多重比較の詳細については，『統計的多重比較法の基礎』（永田・吉田，1997）などを参照。

[11] この問題を**検定の多重性**といいます。

[12] データ中に存在する差を正しく検出できないことを**第2種の誤り**といいます。一方，データ中に存在しない差を誤って検出してしまうことを**第1種の誤り**と呼びます。

具体的な計算式は省略しますが，表 5.4 に χ^2 検定を実行すると，χ^2 値は約 3.58 となります。そして，このデータの自由度は 1 で，χ^2 値が 3.84 よりも小さいため，単語 X と単語 Y の頻度に関して，コーパス A とコーパス B の間に有意水準 5% の有意差は見られません（χ^2 検定の詳細については，前節を参照）。

では，表中のすべての数値を 10 倍してから同じ χ^2 検定を実行すると，どのような結果になるでしょうか。表 5.5 は，表 5.4 におけるすべての数値を 10 倍したものです。

表 5.5 χ^2 検定のためのサンプルデータ（すべての数値を 10 倍したもの）

	単語 X	単語 Y
コーパス A	960	540
コーパス B	520	480

表 5.5 のデータに χ^2 検定を実行すると，χ^2 値は約 35.78 となります。このデータの自由度は 1 で，この χ^2 値が 3.84 よりも大きいため，単語 X と単語 Y の頻度に関して，コーパス A とコーパス B の間に有意水準 5% の有意差があるという結果となります。いうまでもなく，96：54：52：48 と，960：540：520：480 は，同じ比率です。それにもかかわらず，表中の値が大きくなるほど，有意差が出やすくなるのです[13]。

たとえば，大規模なコーパスにおける機能語の頻度を集計すると，個々のセルに入る数値が数千や数万にのぼることもあり得ます。そのため，計量的な言語研究では，検定の結果だけでなく，**効果量**と呼ばれるサンプルサイズの影響を受けない指標を確認することが重要となります[14]。

---

[13] 近年は，検定の結果だけで結論を導くのは望ましくないと考える立場も存在します（Wasserstein, 2016）。検定統計量に確認するべき統計値は分野によっても異なりますが，言語研究の論文では，効果量や信頼区間といった指標を併記することがあります（Brezina, 2018）。

[14] 効果量については，水本篤と竹内理による解説論文（水本・竹内，2008；水本・竹内，2011）がわかりやすいです。また，より踏み込んだ説明については，Jacob Cohen による専門書（Cohen, 1988）を参照。

5.2 効 果 量

─ オッズ比

　頻度差の検定で用いる効果量としては，**オッズ比**が最も一般的です（Bourenstein, Hedges, Higgins, & Rothstein, 2009）。オッズ比は，ある事象の起こりやすさを2つのデータで比較するために用いられる指標です。前掲の表5.4の例でいえば，「コーパスAにおける単語Xの頻度と単語Yの頻度の割合（比率）」を「コーパスBにおける単語Xの頻度と単語Yの頻度の割合（比率）」で割ったものがオッズ比です[15]。

$$\text{オッズ比} = \frac{\text{AにおけるXの頻度}}{\text{AにおけるYの頻度}} \div \frac{\text{BにおけるXの頻度}}{\text{BにおけるYの頻度}}$$

$$= \frac{96}{54} \div \frac{52}{48} \fallingdotseq \mathbf{1.64}$$

　このように，オッズ比の計算は非常に簡単です。 オッズ比の下限は0で，オッズ比が1を下回っている場合は，「コーパスAで単語Xが使われている割合」よりも「コーパスBで単語Xが使われている割合」の方が大きいことを意味します。逆に，オッズ比が1を上回っている場合は，「コーパスAで単語Yが使われている割合」よりも「コーパスBで単語Yが使われている割合」の方が大きいことを意味します。

　前述のように，効果量はサンプルサイズの影響を受けないため，表中のすべての数値を10倍にしたデータ（表5.5）でオッズ比を計算しても，その結果は，10倍する前のデータの結果と同じです。

$$\text{オッズ比} = \frac{960}{540} \div \frac{520}{480} \fallingdotseq \mathbf{1.64}$$

　したがって，サイズの異なるデータ（コーパスなど）から得られた結果を比較検討する場合は，検定結果だけでなく，オッズ比のような効果量も確認する

---

[15] オッズ比の計算方法には，様々なものがあります（奥村，2016）。

のがよいでしょう[*16]。なお，頻度差の検定で用いられるオッズ比以外の効果量
としては，ϕ 係数や Cramér の V などがあります（Gries, 2013 ; 2014）。

▐▌― φ係数

φ係数は，χ^2 値をサンプルサイズ（クロス集計表におけるすべての値の総
和）で割った値の平方根をとることで求めます。

$$\phi \text{ 係数} = \sqrt{\frac{\chi^2 \text{ 値}}{\text{サンプルサイズ}}}$$

ϕ 係数は，本質的には Pearson の積率相関係数（相関係数については，p.119
のコラム「相関係数」を参照）の絶対値に等しく，0 から 1 までの値をとりま
す。表 5.4 のデータから ϕ 係数を求める場合は，以下のような計算を行います
（χ^2 値の計算方法については，5.1 節を参照）。

$$\phi \text{ 係数} = \sqrt{\frac{3.58}{96 + 54 + 52 + 48}} \fallingdotseq \mathbf{0.12}$$

▐▌― Cramér の V

ここまでに紹介してきたオッズ比や ϕ 係数は，2 行×2 列のクロス集計表に
のみ適用できるものです。2 行×2 列よりも大きいクロス集計表から効果量を求
める場合は，**Cramér の V** のような指標を使う必要があります。Cramér の V
は，以下のような計算式で求めます。

$$\text{Cramér の } V = \sqrt{\frac{\chi^2 \text{ 値}}{\text{サンプルサイズ}\times（\text{行数と列数の少ない方から1を引いた値}）}}$$

ここでは，簡便のために，2 行×2 列からなる表 5.4 のデータから Cramér の

[*16] 研究分野によっては，検定結果と効果量に加えて，信頼区間という指標も併記することが推奨され
ています（Kline, 2004）。

Vを求めてみます[17]。

$$\text{Cramér の } V = \sqrt{\frac{3.58}{(96+54+52+48)\times(2-1)}} \fallingdotseq \mathbf{0.12}$$

　本節では，頻度差の検定の効果量として，オッズ比，ϕ 係数，Cramér の V を紹介しました。これらの指標を用いることで，サンプルサイズなどの問題を回避できるだけでなく，実質的な頻度差の解釈が可能になります。ただし，効果量がいくつ以上であれば実質的な差が存在するかという絶対的な基準は存在しません。効果量に関する専門書（Cohen, 1988）などでは1つの目安が提示されていますが，すべての研究分野に共通するものではありません。

　ちなみに，本章で説明してきた仮説検定や効果量は，Rのようなツールを使えば一瞬で結果を得ることができます。しかし，ツールで統計処理を行う場合でも，ツールの内部で行われている計算過程を知っておくことは非常に重要なことです。

---

[17] Cramér の V を2行×2列のクロス集計表に適用することも可能です。なお，その結果は，ϕ 係数と同じ値となります。

第 **6** 章

データの特徴を抽出する

本章では，2 つ以上のデータを比較し，それぞれのデータを特徴づける単語などを抽出する方法について説明します[*1]。具体的には，仮説検定や効果量による 2 つのデータの比較，z スコアや TF-IDF による多数のデータからの特徴表現抽出などを扱います。

6.1 特徴語抽出

複数のデータにおける単語の頻度比較

特徴語抽出とは，2 つのデータにおける単語の頻度を比較し，どちらかに顕著に多く出現している単語を自動抽出する技術です（石川，2012）。たとえば，秋元康がプロデュースしたおニャン子クラブ（1985 年デビュー）と AKB48（2006 年メジャーデビュー）の歌詞を特徴づける単語を抽出することで，1980 年代と 2000 年代のアイドルグループの比較を行うことができます。また，英語母語話者が書いた英作文と日本人英語学習者が書いた英作文を特徴づける単語を抽出することで，「母語話者らしい英語」や「日本人らしい英語」を分析することが可能になります。

前述のように，特徴語抽出では，2 つのデータにおける頻度を比較し，どちらかに顕著に多く出現している単語を抽出します。しかし，「顕著に多く」とは，どれくらい多くなのでしょうか。「顕著」の程度を主観で決めてしまっては，客観的な分析とはいえません。そこで，様々な統計的指標を用いることで，「顕著」の度合いを測ります。

[*1] 本章の一部は，拙論 "Investigating metadiscourse markers in Asian Englishes: A corpus-based approach"（Kobayashi，2016），拙著『仕事に使えるクチコミ分析—テキストマイニングと統計学をマーケティングに活用する』（小林，2017c）の内容を加筆修正したものです。

6.1 特徴語抽出

■─ 差異係数による特徴語抽出

2つのデータにおける単語の使用頻度を比較し，どちらのデータでどの程度多く使われているかを知るためのシンプルな方法として，**差異係数**があります。差異係数は，以下の式で求めます。そして，計算の結果として得られた係数が1に近いほど，その単語がデータAで相対的に多く用いられているといえます。逆に，係数が−1に近いほど，その単語がデータBで相対的に多く用いられているといえます。

$$差異係数 = \frac{データ A の頻度 - データ B の頻度}{データ A の頻度 + データ B の頻度}$$

以下の表6.1は，9種類の法助動詞に関して，ICNALE（International Corpus Network of Asian Learners of English）[2]の英作文データにおける日本人英語学習者と英語母語話者の使用頻度（1万語あたりの相対頻度）を集計した結果です。なお，頻度の集計には，AntConc[3]というコーパス分析ツールを用いています。

表6.1 日本人英語学習者と英語母語話者による法助動詞の使用頻度（1万語あたり）

	日本人英語学習者	英語母語話者
can	90.93	55.51
could	6.14	9.38
may	20.89	19.75
might	3.69	7.28
must	18.77	4.64
shall	0.06	0.33
should	73.45	53.75
will	40.27	52.42
would	8.43	52.64

たとえば，表6.1における日本人英語学習者と英語母語話者の "can" の頻度か

---

[2] http://language.sakura.ne.jp/icnale/

[3] http://www.laurenceanthony.net/software/antconc/

ら差異係数を求めると，以下のようになります．

$$差異係数 = \frac{90.93 - 55.51}{90.93 + 55.51} \fallingdotseq \mathbf{0.24}$$

表6.2は，"can"以外の8種類の法助動詞についても同様の計算を行い，その結果をまとめた結果です．この表を見ると，"can"，"may"，"must"，"should"の4種類が日本人英語学習者の英作文の方で多く使われていて，残りの5種類の法助動詞は英語母語話者の英作文の方に多く使われていることがわかります．一般的に，英語母語話者と比べて，日本人英語学習者は過去形の法助動詞（e.g., could, might, would）をあまり使わない傾向が見られます．

表6.2　法助動詞の差異係数

	差異係数
can	0.24
could	−0.21
may	0.03
might	−0.33
must	0.60
shall	−0.71
should	0.15
will	−0.13
would	−0.72

ここでは便宜的に，9種類の単語について差異係数を求めましたが，データ中で用いられているすべての単語について差異係数を計算することも可能です．

仮説検定による特徴語抽出

コーパス言語学などの分野では，χ^2検定（5.1節参照）のような仮説検定を用いて特徴語を抽出することがあります．具体的には，データ中に出現するすべての単語に検定を行い，その結果として得られる検定統計量の大きい単語を「特徴語」とみなします．その際，比較した2つのデータのどちらに特徴的な単語なのかをわかりやすくするために，データAの特徴語を正の値で表し，デー

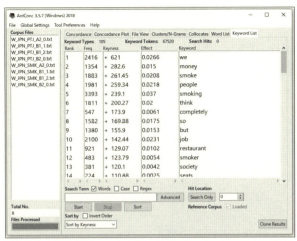

図 6.1 χ^2 検定による日本人英語学習者の特徴語抽出（一部）

タ B の特徴語を負の値で表すなどの工夫がされることもあります。

図 6.1 は，AntConc を用いて，ICNALE の英作文データにおける日本人英語学習者と英語母語話者が用いたすべての単語に χ^2 検定を実行し，日本人英語学習者を特徴づける単語を抽出した結果（の一部）です。図中の "Keyness" の列が χ^2 検定の結果を表しています。この結果を見ると，日本人英語学習者の特徴語の上位 5 語が "we"，"money"，"smoke"，"people"，"smoking" であることがわかります[*4]。

また，χ^2 検定以外では，対数尤度比検定が特徴語抽出によく用いられます。表 6.3 のようなクロス集計表から対数尤度比を求めるには，以下のような計算をします。

対数尤度比検定でも，χ^2 検定と同様，最初に期待値を求めます。

$$A における X の期待値 = \frac{c \times (a+b)}{c+d}$$

$$B における X の期待値 = \frac{d \times (a+b)}{c+d}$$

[*4] "we" 以外の 4 語は，ICNALE の英作文のトピックと密接に関わる単語です。

表6.3 対数尤度比の計算

	データA	データB	行合計
単語Xの頻度（実測値）	a	b	a+b
総語数−単語Xの頻度	c−a	d−b	c+d−a−b
総語数	c	d	c+d

↑サンプルサイズ

そして，2つのデータの期待値を用いて，以下のように対数尤度比を計算します[5]。

$$対数尤度比 = 2 \times \left(\left(A の実測値 \times \log_e \left(\frac{A の実測値}{A の期待値} \right) \right) + \left(B の実測値 \times \log_e \left(\frac{B の実測値}{B の期待値} \right) \right) \right)$$

このように対数尤度比の計算はやや複雑ですので，実際の研究では，AntConcのようなツールが用いられます。図6.2は，AntConcを用いて，ICNALEの英作文データにおける日本人英語学習者と英語母語話者が用いたすべての単語に対数尤度比検定を実行し，日本人英語学習者を特徴づける単語を抽出した結果（の一部）です。図中の"Keyness"の列が対数尤度比検定の結果を表しています。この図を見ると，今回のデータに関する限り，χ^2検定による特徴語抽出の結果と対数尤度比検定による特徴語抽出の結果の間に大きな違いはありません[6]。

χ^2検定や対数尤度比検定ではなく，Fisherの正確確率検定やブートストラップ検定（Lijffijt, Nevalainen, Säily, Papapetrou, Puolamäki, & Mannila, 2016）などの手法が特徴語抽出に用いられることもあります。いずれの手法を用いるにせよ，論文で特徴語抽出の結果を報告する場合は，抽出に使用した手法を明記しましょう。

---

[5] 以下の計算式における $\log_e$ は，自然対数を表しています（詳しくは，p.93のコラム「対数」を参照）。

[6] χ^2検定による特徴語抽出と対数尤度比検定による特徴語抽出の比較については，Paul Raysonらの論文（Rayson, Berridge, & Francis, 2004）などを参照。

6.1 特徴語抽出

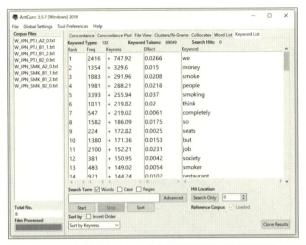

図 6.2 対数尤度比検定による日本人英語学習者の特徴語抽出（一部）

コラム

🔍 対 数

Xを何乗すればYになるかを表す数のことを対数といいます。たとえば，2を何乗すれば8になるかの答えは3です。数学では，この「2を何乗すれば8になるか」を「2を底とする8の対数は何か」といいかえます。つまり，「2を底とする8の対数は3」ということになります。同様に，3を底とする81の対数は4です（3の4乗は81）。

また，自然対数（$\log_e$）は，ネイピア数（約2.71）を底とする対数のことです。自然対数を計算する場合は，ExcelのLN関数，Rのlog関数などを使います。

📄 効果量による特徴語抽出

近年は，仮説検定だけでなく，効果量を用いて特徴語を抽出することもあります（Gabrielatos, 2018）。特徴語抽出に用いる効果量の指標にも様々なものがありますが，5.2節で紹介したオッズ比や ϕ 係数を使うこともあります。また，図6.3にあるように，AntConcを使うと，様々な効果量による特徴語抽出を行うことができます。

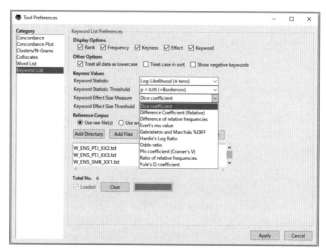

図 6.3 AntConc による効果量を用いた特徴語抽出

　図 6.4 は，AntConc を用いて，ICNALE の英作文データにおける日本人英語学習者と英語母語話者が用いたすべての単語のオッズ比を計算し，日本人英語学習者を特徴づける単語を抽出した結果（の一部）です。図中の "Effect" の列がオッズ比を表しています。

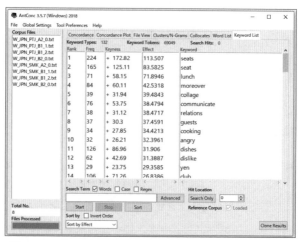

図 6.4 オッズ比による日本人英語学習者の特徴語抽出（一部）

そして，図 6.5 は，AntConc を用いて，ICNALE の英作文データにおける日本人英語学習者と英語母語話者が用いたすべての単語の ϕ 係数を計算し，日本人英語学習者を特徴づける単語を抽出した結果（の一部）です．図中の "Effect" の列が ϕ 係数を表しています．

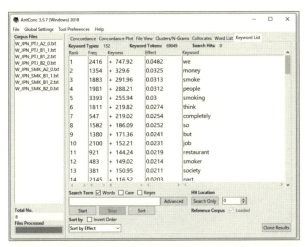

図 6.5 ϕ 係数による日本人英語学習者の特徴語抽出（一部）

図 6.4 と図 6.5 を見比べると，上位にランクインしている単語にかなりの違いが見られます．どちらの指標を用いるべきか，あるいは他の指標を用いるべきかについての絶対的な基準はありませんが，抽出に使用した手法を論文に明記する必要があります．また，当該分野で一般的に用いられている指標が存在する場合は，（特別な理由がない限り）同じ指標を使った方が先行研究との比較が容易になります[*7]。

なお，仮説検定であれ効果量であれ，本節で紹介した特徴語抽出の手法は，基本的に 2 つのデータを比較し，一方（もしくは両方）のデータを特徴づける

[*7] 余談ですが，異なる分析者が異なる手法で分析した結果，同じ研究目的であるにもかかわらず，分析結果が大きく異なったという報告がデータサイエンスの分野で話題になりました（Silberzahn, et al., 2018）．したがって，いずれの手法を用いるにしても，手法の選択によって結果が大きく異なる可能性を考慮し，可能であれば複数の手法を比較検討しましょう．

96   第6章　データの特徴を抽出する

単語を抽出するためのものです[*8)]。したがって，3つ以上のデータから特徴語を
抽出したい場合は，「特徴語を抽出したいデータ」と「それ以外のデータすべて」
の比較を繰り返します。たとえば，A，B，Cという3種類のデータがあるので
あれば，「A」と「B＆C」の比較でAの特徴語を抽出し，「B」と「A＆C」の比較
でBの特徴語を抽出し，「C」と「A＆B」の比較でCの特徴語を抽出します。

6.2　zスコア

　複数のデータを比較して個々のデータの特徴を概観したい場合に，**z スコア**
（標準化得点）を用いることがあります。zスコアは，平均と標準偏差を使って，
複数のデータにおける頻度を比較可能な形に変換した指標です。具体的には，
個々のデータにおける頻度からデータ全体の平均値を引いて，データ全体の標
準偏差で割ることで求められます。

$$z スコア = \frac{個々のデータにおける頻度 - データ全体の平均値}{データ全体の標準偏差}$$

　たとえば，表6.4のようなデータがあったとします。この表における3つの
頻度から平均を求めると100，標準偏差を求めると50となります（平均と標準
偏差の計算方法については，第3章を参照）。

表6.4　zスコアを計算するためのサンプルデータ

Aにおける頻度	Bにおける頻度	Cにおける頻度
50	100	150

　表6.5は，表6.4における3つの頻度をzスコアに変換した結果です。zスコ
アは，個々の値が平均から標準偏差いくつぶん離れているかを表す指標です。
表6.5を見ると，データ全体の平均（100）と同じ値であるBの頻度のzスコア

[*8)] 特徴語抽出の手法を応用すれば，データを特徴づける品詞，文法項目，談話的特徴などを抽出する
　　 こともできます。

が0となっています。また，平均から標準偏差（50）1つぶん小さい値である
Aの頻度のzスコアは−1，平均から標準偏差1つぶん大きい値であるAの頻
度のzスコアは1となっています。つまり，zスコアを使うことで，個々のデー
タにおける頻度が平均からどれだけ離れたものなのかという解釈が容易にな
ります。

表6.5　zスコアの計算

Aのzスコア	Bのzスコア	Cのzスコア
$(50-100)\div50=\mathbf{-1}$	$(100-100)\div50=\mathbf{0}$	$(150-100)\div50=\mathbf{1}$

　ここで，zスコアの具体的な活用事例を紹介します。表6.6は，ICNALEの
中国人英語学習者（CHN），インドネシア人英語学習者（IDN），日本人英語学
習者（JPN），韓国人英語学習者（KOR），台湾人英語学習者（TWN），タイ人
英語学習者（THA）の英作文におけるメタ談話標識（Hyland, 2005）の相対
頻度をまとめたものです[*9]。なお，個々のメタ談話標識の頻度は，transitions
（TRA），frame markers（FRM），endophoric markers（END），evidentials
（EVI），code glosses（COD），hedges（HED），boosters（BOO），attitude
markers（ATM），engagement markers（ENG），self-mentions（SEM）とい
う10種類の機能カテゴリー別に集計しています[*10]。
　そして，図6.6は，表6.6の相対頻度から計算したzスコアを棒グラフで可視
化したものです。この図を見ると，どの国の学習者がどの機能カテゴリーを多
く使っていて，どの機能カテゴリーをあまり使っていないかがわかります。た

[*9] メタ談話とは，テキストの命題内容に直接影響を与えないが，首尾一貫した論理的な文章を構成し
たり，読み手が命題内容や文章の展開，読み手に対する書き手の立場を理解したりする際に役立つ
概念のことです。また，メタ談話標識は，メタ談話における様々な機能を担う表現のことで，アカ
デミック・ライティングの研究などで分析対象とされることが多い言語項目です。

[*10] ここでは，Ken Hyland が作成したメタ談話標識のリスト（Hyland, 2005）を用いて，10種類の機
能カテゴリー別の頻度を求めています。なお，このデータの詳細については，拙論 "Investigating
metadiscourse markers in Asian Englishes: A corpus-based approach"（Kobayashi, 2016）を参
照。

表6.6 メタ談話標識の相対頻度

	CHN	IDN	JPN	KOR	TWN	THA
TRA	0.262	0.323	0.235	0.291	0.259	0.276
FRM	0.062	0.054	0.066	0.066	0.058	0.051
END	0.000	0.000	0.000	0.000	0.000	0.000
EVI	0.001	0.001	0.000	0.002	0.001	0.001
COD	0.032	0.064	0.047	0.035	0.048	0.059
HED	0.062	0.054	0.042	0.064	0.072	0.066
BOO	0.098	0.091	0.111	0.099	0.102	0.097
ATM	0.049	0.060	0.071	0.053	0.062	0.050
ENG	0.167	0.165	0.114	0.163	0.173	0.249
SEM	0.267	0.187	0.315	0.227	0.224	0.153

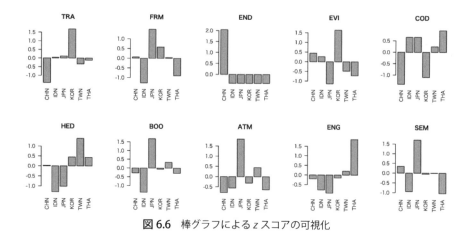

図6.6 棒グラフによる z スコアの可視化

とえば，transitions（TRA）[*11)] の棒グラフを見ると，韓国人学習者（KOR）の頻度が相対的に高いのに対して，中国人学習者（CHN）の頻度は相対的に低くなっています。

[*11)] TRA は，テキストにおける節と節の関係を表す機能を持ち，"and", "but", "because", "so" といった接続表現を多く含む機能カテゴリーです。

6.3 TF-IDF

　情報検索や文章要約の分野では，複数のデータにおける頻度を比較する際に，**TF-IDF**（term frequency-inverted document frequency）による単語の重みづけを行うことがあります。TF-IDF は，TF（単語の頻度）と IDF（単語が出現するデータの数で全データ数を割った値の対数をとった値）を掛けあわせることで求められます[*12)]。つまり，「何度も繰り返し使われている単語は重要である」ことを表す指標（TF）と，「どのデータでも使われている単語はそれほど重要ではない」ことを表す指標（IDF）を組み合わせることで，個々のデータを特徴づける単語を抽出します。そして，TF-IDF の値が大きいほど，そのテキストに特徴的な単語ということになります。

$$TF = \frac{データ A における単語 X の使用頻度}{データ A の総語数}$$

$$IDF = \log_2 \left(\frac{全データ数}{単語 X が使われているデータ数} \right)$$

$$TF\text{-}IDF = TF \times IDF$$

　TF-IDF を計算できる分析ツールとして，CasualConc[*13)]などがあります。図6.7 は，James Joyce の短編小説 15 編で使われているすべての単語から TF-IDF を計算し，TF-IDF の高い単語を表示したものです。また，図 6.8 は，個々の短編小説ごとに TF-IDF の高い頻度を表示した結果です。

　このように，TF-IDF を用いて，複数のデータから特徴語を抽出することができます。ただし，すべての単語から TF-IDF を計算すると，一部のテキストのみに出現する固有名詞などが高い値となります。したがって，固有名詞を除外して計算する，あるいは一部の品詞のみを対象とするなどの処理を行うこともあります。

[*12)] 計算式にある $\log_2$ は，底を 2 とする対数です。ただし，これ以外の計算方法もあります。

[*13)] https://sites.google.com/site/casualconc/

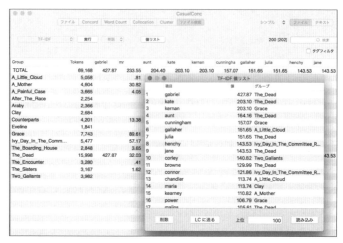

図 6.7 CasualConc による TF-IDF の計算

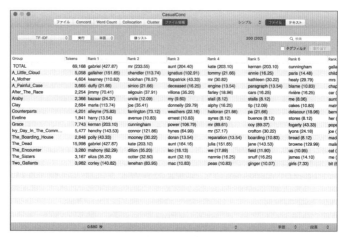

図 6.8 CasualConc による TF-IDF の計算（ファイルごとに並び替え）

第 **7** 章

データの結びつきの強さを測る

　　本章では，主に単語と単語の結びつきの強さを統計的に測る方法について説明します[*1]。具体的には，単純な共起頻度を使う方法に加えて，ダイス係数や相互情報量といった共起強度，対数尤度比やTスコアといった共起有意性を用いる方法などを扱います。

7.1 共 起 頻 度

共起頻度の集計

　2.2 節でも述べたように，言語研究では，単純に単語の頻度を集計するだけでなく，分析対象とする単語（中心語）の近くによく一緒に現れる単語（共起語）を分析することもあります。このような分析を行う際には，どれくらい「近く」に現れる単語を共起語とみなすのか，どれくらい「よく」一緒に現れる単語を共起語とみなすのかを定義する必要があります。

　まず，どれくらい「近く」に現れる単語を共起語とみなすのかを定義するために，中心語の前後何語までを集計の対象とするかを明確にします。たとえば，中心語が名詞で，その名詞を前から修飾する共起語を分析したい場合は，「中心語の直前の 3 語（左側の 3 語）まで」に出現する単語の頻度を集計します。

　次に，どれくらい「よく」一緒に現れる単語を共起語とみなすのかを定義する場合は，中心語と共起語の**共起頻度**，あるいは，何らかの統計指標を利用します。図 7.1 は，BNC（BNCweb）を用いて，"tea" という名詞の直前の 3 語（左側の 3 語）までに出現する形容詞の頻度を集計した結果です。この図を見る

[*1] 本章の一部は，拙論「言語統計の基礎（後編）—共起尺度」（小林，2013b），拙著『仕事に使えるクチコミ分析—テキストマイニングと統計学をマーケティングに活用する』（小林，2017c）の内容を加筆修正したものです。

Collocation parameters:				
Information:	collocations ▼		Statistics:	Rank by frequency ▼
Collocation window span:	3 Left ▼	1 Left ▼	Basis:	whole BNC ▼
Freq(node, collocate) at least:	5 ▼		Freq(collocate) at least:	5 ▼
Filter results by:	Specific collocate:		and/or tag: AJ0 ▼	Submit changed parameters ▼	Go!

There are 6480 different types in your collocation database for "[word="tea"%c]". (Your query "tea" returned 7992 hits in 1449 different texts)

No.	Word	Total No. in whole BNC	Expected collocate frequency	Observed collocate frequency	In No. of texts
1	hot	8,634	1.723	77	60
2	nice	11,677	2.330	64	47
3	strong	15,419	3.077	45	39
4	high	31,878	6.362	38	27
5	sweet	2,910	0.581	37	33
6	cold	6,791	1.355	29	23
7	good	76,551	15.276	21	20
8	early	23,604	4.710	17	16
9	black	20,351	4.061	16	13
10	iced	173	0.035	16	10

図 7.1 "tea" と共起する形容詞（左 1～3 語）

と，"hot"，"nice"，"strong" などの形容詞が "tea" と強く結びついていることが
わかります。

共起頻度の限界

　単語と単語の結びつきの強さを測る指標として，共起頻度は非常にシンプル
でわかりやすいです。しかし，単純な共起頻度から単語の結びつきを測る方法
には限界があります。

　突然ですが，ここで 1 つ問題です。BNC において，"political" という単語の
直後（右側の 1 語）に出現するすべての単語の中で，最も頻度の高い単語は何
でしょうか。

　図 7.2 は，BNC（BNCweb）を用いて，"political" という単語の直後（右側の
1 語）に出現する単語の頻度を集計した結果です。この図を見ると，"political"
の直後に生起するすべての単語の中で，最も頻度の高い単語は，接続詞の "and"
です。この結果を見て「何だ」と落胆した方もいるでしょうし，「なぜ」と疑問
に思う方もいるかもしれません。「"political" の直後に出現する単語」といわれ
れば，恐らく多くの方は，2 位の "parties" や 3 位の "system" のような名詞をイ
メージするでしょう。しかし，BNC において，"political" の直後に最も高い頻

7.1 共起頻度

Collocation parameters:					
Information:	collocations		Statistics:	Rank by frequency	
Collocation window span:	1 Right - 1 Right		Basis:	whole BNC	
Freq(node, collocate) at least:	1		Freq(collocate) at least:	1	
Filter results by:	Specific collocate:		and/or tag: no restrictions	Submit changed parameters	Go!

There are 16434 different types in your collocation database for "[word="political"%c]". (Your query "political" returned 30098 hits in 1759 different texts)

No.	Word	Total No. in whole BNC	Expected collocate frequency	Observed collocate frequency	In No. of texts
1	and	2,616,708	702.388	1771	614
2	parties	12,559	3.371	1266	333
3	system	44,156	11.853	739	184
4	,	5,014,383	1,345.983	562	336
5	party	39,710	10.659	477	228
6	power	31,560	8.471	449	199
7	science	10,486	2.815	403	68
8	prisoners	2,881	0.773	336	89
9	life	54,907	14.738	330	188
10	union	17,449	4.684	247	84

図 7.2 "political" の直後（右 1 語）に出現する単語

度で出現する単語は，紛れもなく "and" なのです。

　図 7.3 は，BNC で "political" と "and" が隣り合って共起している例を表示した結果です。この図を見ると，"political and historical"，"political and economic"，"political and social" のように 2 つ（以上）の形容詞をつなぐ例が目に

No	Filename	Hits 1 to 50　　　　Page 1 / 36
1	A03 686	This background experience is coupled with knowledge of a country's laws, constitution and judicial process and **political and** historical background.
2	A05 36	All this is felt to testify, not just to a general rankness and decay, but to a conflagration of another kind — to what will happen if the **political and** racial tensions of the island can no longer be contained.
3	A05 74	Guerrillas , then, is shaped in order to accommodate its three zones, and in accordance with a distinction between the **political and** the phantasmagorical, though there are moments when phantasmagoria, futility, threatens to envelop the island — Grange, Ridge, gangs, government, politics and all.
4	A07 1057	The new Ireland must be a society within which, subject only to public order, all cultural, **political and** religious beliefs can be freely expressed and practised.'
5	A0E 102	Punk was at its zenith and **political and** cultural oppositions were intense.
6	A0K 1025	These were amplified by a variety of non-verbal sign-systems such as gesture, posture, music, clothing, gender relationships, as well as other aspects of the hippie life related to an alternative **political and** social belief which were alien to our experience.
7	A0P 1464	He could - and would - visit a revolution, be it **political and** national, or merely student; he would reflect on it, but he would never get 'involved' in it, be it Cuban, Ethiopian, Greek or Polish.
8	A10 1284	The book also looks at European policies, and considers the implementation of policy changes within a **political and** institutional context.
9	A12 1366	A The first kind developed out of the Romantic movement which emerged at a time when artists of all kinds rebelled against being servants in wealthy households, obeying their patrons' orders and being regulated by religious, **political and** other advisers.
10	A1A 320	It has been a major **political and** cultural force for a hundred years.

図 7.3 "political" と "and" の共起

つきます。これはこれで興味深い発見です。しかし，多くの場合，これは分析者が求めている結果ではないでしょう。ここで，図 7.2 を見返してみてください。BNC 全体における "political and" の頻度（Observed collocate frequency）は 1771 回です。ただ，見逃してはならないのは，BNC における "and" の頻度（Total No. in whole BNC）が 2616708 回と極めて高い点です。このように極めて高い頻度を持つ単語は，データのいたるところに出現し，非常に多くの単語と共起します。いいかえると，"and" は，"political" と「だけ」強い結びつきを持っている訳ではなく，データ中の様々な単語と満遍なく結びついている単語であるといえます。このように，共起の強さを頻度だけで測る方法には，明らかな限界があります[*2]。

7.2 共起強度

ダイス係数

個々の単語の単純頻度を考慮しつつ，単語と単語の結びつきの強さを測るには，**共起強度**と呼ばれる統計的指標を用います。様々な共起頻度の指標が提案されていますが（相澤・内山，2011），古典的な共起強度の指標の 1 つとして，**ダイス係数**（Smadja, 1993）を挙げることができます。単語 A と単語 B の結びつきの強さを測る場合，ダイス係数は，以下のように求めます。

$$\text{ダイス係数} = 2 \times \frac{\text{単語 A と単語 B の共起頻度}}{\text{単語 A の単純頻度} + \text{単語 B の単純頻度}}$$

ダイス係数の計算では，個々の単純頻度の和で共起頻度を割ることで，共起頻度を補正しています。つまり，共起頻度が同じであれば，個々の単語の単純頻度が高いほど，ダイス係数は小さくなり，個々の単語の単純頻度が低いほど，ダイス係数は大きくなります。

図 7.4 は，ダイス係数の大きい順に，BNC で "political" の直後に共起する単

[*2] この問題は，前項のように品詞を限定した共起語の集計を行うことで，ある程度は解決することが可能です。しかし，一般的には，次節以降で紹介する統計指標を用いた方が有益な結果が得られるでしょう。

7.2 共起強度 105

Collocation parameters:						
Information:	collocations		Statistics:		Dice coefficient	
Collocation window span:	1 Right - 1 Right		Basis:		whole BNC	
Freq(node, collocate) at least:	1		Freq(collocate) at least:		1	
Filter results by:	Specific collocate:		and/or tag:	no restrictions	Submit changed parameters	Go!

There are 16434 different types in your collocation database for ["word="political"%c]. (Your query "political" returned 30098 hits in 1759 different texts)

No.	Word	Total No. in whole BNC	Expected collocate frequency	Observed collocate frequency	In No. of texts	Dice coefficient value
1	parties	12,559	3.371	1266	333	0.0594
2	prisoners	2,881	0.773	336	89	0.0204
3	system	44,156	11.853	739	184	0.0199
4	science	10,486	2.815	403	68	0.0199
5	power	31,560	8.471	449	199	0.0146
6	party	39,710	10.659	477	228	0.0137
7	leaders	7,188	1.929	239	138	0.0128
8	activity	11,403	3.061	247	126	0.0119
9	union	17,449	4.684	247	84	0.0104
10	correspondent	2,003	0.538	165	57	0.0103

図 7.4 "political" の直後に共起する単語（ダイス係数の大きい順）

語を並び替えた結果です。この図を見ると，ダイス係数の大きい共起語は，"parties"，"prisoners"，"system"，"science"，"power" などであることがわかります。そして，単純な共起頻度を使った場合（図7.2）に上位にランクインしていた "and" や "," の順位が下がり，名詞が上位を占めているため，分析結果を解釈しやすくなっています。

相互情報量

また，**相互情報量**（Church & Hanks, 1990）も，よく使われる共起強度の指標です。相互情報量は，以下のように求めます。

$$相互情報量 = \log_2 \frac{単語 A と単語 B の共起頻度 \times データの総語数}{単語 A の単純頻度 \times 単語 B の単純頻度}$$

相互情報量の計算では，分母に個々の単純頻度の積をおくことで，共起頻度を補正しています。

図 7.5 は，相互情報量の大きい順に，BNC で "political" の直後に共起する単語を並び替えた結果です。この図を見ると，相互情報量の大きい共起語は，"disarray.27" や "levy-paying" といった低頻度の表現です。このように，相互

Collocation parameters:						
Information:	collocations			Statistics:	Mutual information	
Collocation window span:	1 Right - 1 Right			Basis:	whole BNC	
Freq(node, collocate) at least:	1			Freq(collocate) at least:	1	
Filter results by:	Specific collocate:			and/or tag: no restrictions	Submit changed parameters	Go!

There are 16434 different types in your collocation database for "[word="political"%c]". (Your query "political" returned 30098 hits in 1759 different texts)

No.	Word	Total No. in whole BNC	Expected collocate frequency	Observed collocate frequency	In No. of texts	Mutual information value
1	disarray.27	1	0.000	1	1	11.8632
2	levy-paying	1	0.000	1	1	11.8632
3	football'	1	0.000	1	1	11.8632
4	marriage-makers	1	0.000	1	1	11.8632
5	correpondent	5	0.001	5	2	11.8632
6	ecologists-greens-are	1	0.000	1	1	11.8632
7	system/institution	1	0.000	1	1	11.8632
8	behaviur	1	0.000	1	1	11.8632
9	question[s]	1	0.000	1	1	11.8632
10	community-ministers	1	0.000	1	1	11.8632

図 7.5 "political" の直後に共起する単語（相互情報量の大きい順）

情報量を用いると，他の指標を用いた場合と比べて，低頻度の共起語が上位にランクインしやすいことが知られています。したがって，この指標は，比較的珍しい語の組み合わせを抽出するため，特定の作家の文体を研究したり，特定のジャンルに特徴的な表現（工業英語や医学英語など）のリストを作成したりするのに使われています。また，コールセンターの通話記録や顧客アンケートの分析で，極めて稀な（しかし，無視すべきではない）意見をすくい上げる目的などで用いることもできます。

　ちなみに，あまりにも低頻度の語を除外したい場合は，共起語として抽出する単語の最低頻度（BNCweb では，「Freq (collocate) at least」で設定可能）を任意の数まで引き上げるとよいでしょう。

7.3　共起有意性

対数尤度比

　単語の結びつきの重要度を測るのに，仮説検定（5.1 節参照）の考え方に基づく共起有意性の指標を用いることがあります。共起有意性の計算では，「2つの単語の共起がまったくの偶然による差である」という仮説を立てて，「共起がま

7.3 共起有意性 107

ったくの偶然による」場合の共起頻度（期待値）と実際の共起頻度（実測値）
のずれを数値化します。

共起語の分析で広く使われている共起有意性の指標として，対数尤度比を挙
げることができます。対数尤度比を用いて単語の結びつきの重要度を測る場合
は，表7.1のような形式で頻度の情報を整理し，期待値を計算します。なお，表
中の「単語Xの単純頻度 − 単語Xと単語Yの共起頻度」は「単語Xが単語Y
以外と共起する頻度」を表し，「単語Yの単純頻度 − 単語Xと単語Yの共起頻
度」は「単語Yが単語X以外と共起する頻度」を表しています。つまり，ここ
では，「単語Xが単語Yと共起する頻度」（＝単語Yが単語Xと共起する頻度），
「単語Xが単語Y以外と共起する頻度」，「単語Yが単語X以外と共起する頻度」
の3つを使って，単語Xと単語Yの結びつきの強さを数値化しています。

表 7.1 共起語の分析における対数尤度比の計算

	単語Yが単語Xと共起する頻度	単語Yの単純頻度 − 単語Xと単語Yの共起頻度	行合計
単語Xが単語Yと共起する頻度	a	b	a+b
単語Xの単純頻度 − 単語Xと単語Yの共起頻度	c−a	d−b	c+d−a−b
列合計	c	d	c+d

そして，このような表に整理した情報から「単語Xが単語Yと共起する頻
度」（＝単語Yが単語Xと共起する頻度）の期待値などを計算し，対数尤度比
を求めます（対数尤度比の計算方法については，6.1節を参照）。

図7.6は，対数尤度比の大きい順に，BNCで "political" の直後に共起する単
語を並び替えた結果です。この図を見ると，対数尤度比の大きい共起語は，
"parties"，"system"，"prisoners"，"science"，"party" などであることがわかり
ます。対数尤度比による共起語の分析結果は，単純な共起頻度による分析結果
（図7.2）とよく似ています。しかし，単純な共起頻度を用いた分析結果の上位
にランクインしていた "and" と "," の順位が下がりました。このように，対数尤
度比は，ある程度高頻度の組み合わせでありながら，データ中の頻度が極めて
高い機能語や記号との組み合わせを排除する傾向を持っています。このため，

Collocation parameters:			
Information:	collocations	Statistics:	Log-likelihood
Collocation window span:	1 Right - 1 Right	Basis:	whole BNC
Freq(node, collocate) at least:	1	Freq(collocate) at least:	1
Filter results by:	Specific collocate:	and/or tag: no restrictions	Submit changed parameters Go!

There are 16434 different types in your collocation database for "[word="political"%c]". (Your query "political" returned 30098 hits in 1759 different texts)

No.	Word	Total No. in whole BNC	Expected collocate frequency	Observed collocate frequency	In No. of texts	Log-likelihood value
1	parties	12,559	3.371	1266	333	12670.5803
2	system	44,156	11.853	739	184	4683.6875
3	prisoners	2,881	0.773	336	89	3455.7567
4	science	10,486	2.815	403	68	3221.5017
5	party	39,710	10.659	477	228	2706.336
6	power	31,560	8.471	449	199	2696.9529
7	leaders	7,188	1.929	239	138	1839.2357
8	activity	11,403	3.061	247	126	1688.3676
9	correspondent	2,003	0.538	165	57	1575.6093
10	union	17,449	4.684	247	84	1479.5608

図 7.6　"political" の直後に共起する単語（対数尤度比の大きい順）

語法研究などで用いられることが多い共起有意性の指標です。

― Tスコア

　対数尤度比以外では，**Tスコア**（Church, Gale, Hanks, & Hindle, 1991）も，言語研究で古くから用いられてきた共起有意性の指標の1つです。Tスコアは，実際の共起頻度（実測値）と「共起がまったくの偶然による」場合の共起頻度（期待値）を用いて，以下のように求めます。

Tスコア

$$= \frac{単語 A と単語 B の共起頻度（実測値）- 単語 A と単語 B の共起頻度（期待値）}{\sqrt{単語 A と単語 B の共起頻度（実測値）}}$$

　図 7.7 は，Tスコアの大きい順に，BNC で "political" の直後に共起する単語を並び替えた結果です。この図を見ると，Tスコアの大きい共起語は，"parties"，"system"，"and"，"party"，"power" などです。上位に接続詞の "and" が含まれていることからもわかるように，Tスコアの分析結果は，（本章上段で紹介したダイス係数，相互情報量，対数尤度比と比べて）単純な共起頻度による分析結果（図 7.2）と最も近い結果となっています。

7.4 共起ネットワーク　　　109

Collocation parameters:						
Information:	collocations		Statistics:	T-score		
Collocation window span:	1 Right – 1 Right		Basis:	whole BNC		
Freq(node, collocate) at least:	1		Freq(collocate) at least:	1		
Filter results by:	Specific collocate:		and/or tag: no restrictions	Submit changed parameters	Go!	

There are 16434 different types in your collocation database for "[word="political"%c]". (Your query "political" returned 30098 hits in 1759 different texts)

No.	Word	Total No. in whole BNC	Expected collocate frequency	Observed collocate frequency	In No. of texts	T-score value
1	parties	12,559	3.371	1266	333	35.4861
2	system	44,156	11.853	739	184	26.7486
3	and	2,616,708	702.388	1771	614	25.3928
4	party	39,710	10.659	477	228	21.3523
5	power	31,560	8.471	449	199	20.7898
6	science	10,486	2.815	403	68	19.9346
7	prisoners	2,881	0.773	336	89	18.2881
8	life	54,907	14.738	330	188	17.3546
9	activity	11,403	3.061	247	126	15.5215
10	union	17,449	4.684	247	84	15.4182

図 7.7　"political" の直後に共起する単語（T スコアの大きい順）

　ここまで，単純な共起頻度に加えて，ダイス係数，相互情報量，対数尤度比，T スコアという 4 つの指標を紹介してきました。どの指標を使うべきかは，研究目的やデータによって異なります。一般的には，T スコアは高頻度な単語との共起を高く評価し，相互情報量は低頻度ながら顕著で珍しい結びつきを持つ単語との共起を高く評価する傾向があります。また，ダイス係数や対数尤度比は，頻度の高さと結びつきの強さの両方を考慮する指標といわれています。なお，共起語の分析ができるツールは，BNCweb の他にも数多く存在し（AntConc や KH Coder など），様々な指標を用いることができます。

7.4　共起ネットワーク

　言語研究では，単語の共起関係をネットワークの形式で可視化することがあります（Brezina, 2018）。図 7.8 は，BNC で "political" の直後に共起する単語のうち，ダイス係数の大きい 20 語を可視化した結果です[3]。

---

[3] 図 7.8 と図 7.9 は，R の igraph パッケージ（https://CRAN.R-project.org/package=igraph）で描いています。

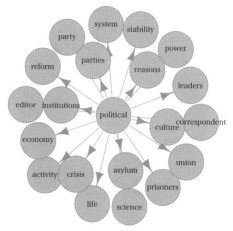

図7.8 "political" の共起ネットワーク（ダイス係数の大きい20語）

また，図7.9は，共起ネットワークを描く際に，各単語の単純頻度をノード（円）の大きさで，共起の強さをエッジ（線）の太さで表したものです．この図を見ると，"life"，"power"，"system"，"party" などの単純頻度が他の共起語よりも高いこと，"political" と "parties" の結びつきが最も強いことなどがわかり

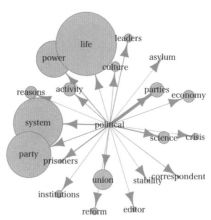

図7.9 "political" の共起ネットワーク（ダイス係数の大きい20語）（各単語の単純頻度をノードの大きさで，共起の強さをエッジの太さで表した図）

ます。

　なお，データ中に生起するすべての単語を対象とする共起ネットワークを作成することも可能です。しかし，多くの単語を一度に可視化すると，情報量が多くなり過ぎて，単語の共起パターンを把握しにくくなります。そして，ネットワーク中のどこに注目するかが恣意的になる恐れもあります。したがって，すべての（あるいは，多くの）単語を対象とする共起ネットワークを作成する場合は，特定の品詞（たとえば，名詞と形容詞）の単語のみを描画するなどするとよいでしょう。

コラム

🔎 単語と文法・構文・意味の共起

　本章では，主に単語と単語の共起を扱ってきました。コーパス言語学などの分野では，このような単語と単語の結びつきを**コロケーション**といいます。そして，単語と文法項目の共起を**コリゲーション**と呼びます。コリゲーションの具体例としては，"ponder" という動詞が受動態という文法項目と共起しやすいことなどが挙げられます（Hoey, 2005）。また，単語と構文の共起を**コロストラクション**と呼ぶこともあります。コロストラクションの例としては，"tell"，"send"，"offer"，"show" などの動詞が二重目的語という範疇を形成する場合が多いことなどがあります（Stefanowitsch & Gries, 2003）。さらに，単語の意味の共起を**談話的韻律**といいます。談話的韻律の典型的な例としては，"cause" という動詞が "problems" や "death" のような不快な出来事を意味する名詞と共起しやすいのに対して，"provide" という動詞は "information" や "service" といった望まれるものや必要なものを意味する名詞と共起しやすいことなどが挙げられます（Stubbs, 2001）。

第 **8** 章

データの変化を見る

本章では，主に回帰分析について説明します[*1]。具体的には，線形単回帰分析と線形重回帰分析を扱います。回帰分析を用いることで，言語使用の時系列変化を数式で表したり，文章の読みやすさを推定したりすることができます。

8.1 単回帰分析

機械学習

近年，データサイエンスでは，**機械学習**というキーワードが大きな注目を集めています。機械学習とは，人間が持つ学習能力をコンピュータに持たせることを目指す人工知能の研究分野です。もう少し具体的にいうと，コンピュータにデータを解析させることで，データの背後に潜むパターンを発見（学習）させる技術のことです。多くの場合，データから発見されたパターンは，新たなデータの予測に活用されます。図 8.1 は，このような機械学習の典型的な手順を図にしたものです[*2]。

機械学習を用いることで，手作業では扱えないような大量のデータを高速で処理できるようになります。さらに，パターンを発見するための十分な量のデータを用意すれば，人間が予測するよりも高い精度で予測を行うことができます。

[*1] 本章の一部は，拙論 "Investigating the chronological variation of popular song lyrics through lexical indices" (Kobayashi, Amagasa, & Suzuki, 2017)，拙著『R によるやさしいテキストマイニング』（小林，2017a），『R によるやさしいテキストマイニング［機械学習編］』（小林，2017b）の内容を加筆修正したものです。また，本章では，特別に明記しない限り，R を統計解析に用いています。

[*2] 機械学習の手法にも様々なものがあり，図 8.1 と異なる手順で用いられるものもあります。たとえば，後述する教師なし学習の手法は，一般的に「新たなデータの予測」を目的としません。

図 8.1　機械学習の典型的な手順

　現在，機械学習は，音声認識，手書き文字認識，顔画像認識，X線画像・CT画像からの病気の診断，指紋・静脈・虹彩などによる本人識別など，様々な分野で用いられています（金森・竹之内・村田，2009）。また，大規模な言語データ（コーパス）が利用可能になったいま，機械学習は，統計的機械翻訳を始めとする自然言語処理のアプリケーションでも広く活用されています（高村，2010）。

　機械学習の手法は，**教師あり学習**と**教師なし学習**の2つに大きく分けられます[*3]。なお，ここでの「教師」という用語は，人間の先生ではなく，コンピュータがパターンを発見する際の「正解データ」のことです。たとえば，スパムメールと通常のメールを自動で分類する場合，コンピュータがパターンを発見するためのデータ（**訓練データ**）を大量に用意します。そして，そのデータにおける個々のメールには，「スパムメール」か「通常のメール」かという情報（正解データ）を付与しておきます。コンピュータは，このような正解データつきの訓練データを解析することで，「スパムメール」の特徴と「通常のメール」の特徴を発見し，両者を分けるルールを発見します。このように正解データの情報を利用する機械学習の手法を教師あり学習といいます。

　しかし，現実のデータ分析では，正解データが得られない場合もあります。そのような場合，何らかの基準に基づいて，類似したデータをいくつかのグループに分類します。このように正解データを利用しない機械学習の手法を教師なし学習と呼びます。

　教師あり学習には，株価や売上といった「数値」を予測するための手法（**回**

[*3] ここでは紙面の都合で割愛しますが，機械学習には，教師あり学習と教師なし学習を組み合わせた**半教師あり学習**という手法があります（Chapelle, Schölkopf, & Zien, 2006）。また，その他に，**強化学習**という手法も存在します（牧野・澁谷・白川，2016）。

帰）と，スパムメールのような「カテゴリー」を予測するための手法（**分類**）
の 2 種類があります。なお，教師なし学習は，似たデータ同士をまとめる手法
であり，予測を目的とする手法ではありません。表 8.1 は，教師あり学習と教
師なし学習の違い，回帰と分類の違いを整理したものです。

表 8.1　主な機械学習の種類

機械学習の種類	正解データの利用	新たなデータの予測
教師あり学習（回帰）	利用する	数値を予測する
教師あり学習（分類）	利用する	カテゴリーを予測する
教師なし学習	利用しない	予測しない

　以下，本章では，教師あり学習の回帰について説明します。また，第 9 章で
教師あり学習の分類について，第 10 章で教師なし学習について説明します。

線形単回帰分析

　回帰分析は，「原因」となる変数と「結果」となる変数との関係を回帰式と呼
ばれる数式で表現する手法です。このとき，ある現象の原因として定義する変
数を**説明変数**，結果として定義する変数を**目的変数**と呼びます。回帰分析の主
な目的は，説明変数を用いて目的変数を「予測」することです。しかし，説明
変数と目的変数の関係を数学的に「記述」することを目的とする場合もありま
す（石川，2010）。

　回帰分析には，大きく分けて，**線形回帰分析**と**非線形回帰分析**の 2 種類が存
在します。簡単にいえば，線形回帰分析では説明変数と目的変数の関係が線形
であると仮定され，非線形回帰分析では説明変数と目的変数の関係が非線形で
あると仮定されます。図 8.2 は，線形回帰分析と非線形回帰分析のイメージで
す。

　さらに，線形回帰分析は，説明変数が 1 つだけの**線形単回帰分析**と，説明変
数が複数の**線形重回帰分析**に分けることができます。以下，本節で線形単回帰
分析を，次節で線形重回帰分析を説明します。

　線形単回帰分析では，以下のような回帰式で説明変数と目的変数の関係を表

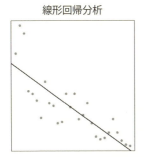 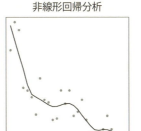

図 8.2 線形回帰分析と非線形回帰分析

現します[*4]。

$$Y = a \times X + b$$

　この式では，X が説明変数，Y が目的変数を表しています．また，回帰式を1次関数のグラフとして表現した場合，a は直線の傾き（回帰係数），b は直線と Y 軸の交点（切片）を表します．そして，このような回帰式によって引かれた直線を回帰直線といいます（図 8.2 の左側の散布図に引かれた直線が回帰直線です）．

　ここでは，映画 *Star Wars* シリーズの外伝作品の1つである *Rogue One* のタイトル検索数（日本公開日である 2016 年 12 月 16 日から4週間分）のデータを用いて，線形単回帰分析を説明します（このデータについては，3.8 節を参照）．なお，実際の回帰分析には，表 8.2 のような形式に整えたデータを使用しました．表中の Day は，映画公開何日目かを表しています．また，Search.Interest は，最も検索数が多かった日を 100 として，個々の日の検索数を数値化した指標（検索インタレスト）です．

　表 8.2 における Day の値を説明変数，Search.Interest の値を目的変数として，線形単回帰分析を行うと，以下のような回帰式が得られます[*5]．

[*4] 回帰分析の数理的説明に関しては，統計学の教科書（東京大学教養学部統計学教室，1991；東京大学教養学部統計学教室，1992）を参照．
[*5] ここでは，R の lm 関数を用いました．

表 8.2 映画公開からの 4 週間におけるタイトル検索数（回帰分析用）

Day	Search.Interest
1	79
2	100
3	94
…	…
28	10

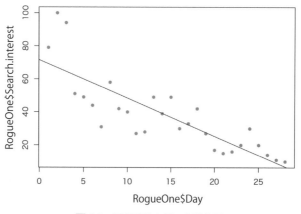

図 8.3 回帰直線を引いた散布図

$$\text{Search.Interest} = -2.31 \times \text{Day} + 71.53$$

そして，この回帰式からは，「Day 0 が仮に存在するとしたら，その日の Search.Interest が 71.53 で，1 日経過するごとに Search.Interest がおおむね 2.31 ずつ減少していく」という傾向を読み取ることができます．また，図 8.3 は，Day の値と Search.Interest の値を使って作成した散布図に上記の回帰直線を重ねたものです．

図 8.3 を見ると，映画公開直後の検索数が非常に多く，その後は検索数が徐々に減少しています．また，左上の方に回帰直線から上に大きくずれた点が 2 つ（映画公開 2〜3 日目の検索数）存在していることなどがわかります．なお，図中の個々のデータと回帰直線のずれを残差といい，線形回帰分析では，個々の

データの残差の 2 乗を合計した値が最も小さくなるように回帰直線を引きます[6]。

8.2　線形重回帰分析

回帰分析には，1 つの説明変数を持つ単回帰分析だけでなく，複数の説明変数を持つ重回帰分析もあります[7]。重回帰分析の場合は，以下のように複数の X_i（説明変数）や a_i（偏回帰係数）を持つ回帰式を導きます[8]。

$$Y = a_1 \times X_1 + a_2 \times X_2 + \cdots + a_n + X_n + b$$

言語研究における重回帰分析の活用事例としては，16 世紀から 20 世紀までの英語の散文の執筆年を wh 限定詞の頻度，"been" の頻度，形容詞の頻度から予測した研究（Tsukamoto, 2004），芥川龍之介の作品の執筆年を格助詞や接続助詞などの頻度から予測した研究（金, 2009a）などがあります。

ここでは，1976 年から 2015 年までにオリコン年間ランキング上位 20 位までにランクインした楽曲の歌詞を対象に，品詞，語種，文字種，語彙レベルからなる 26 種類の語彙指標を用いて，楽曲がランクインした年を予測します。表 8.3 は，本節で用いる分析データ（の一部）です[9]。なお，表中の 26 種類の語彙指標は，jReadability を用いて計算し，品詞や語種といったカテゴリー別の百分率に変換してあります。

---

[6] 残差の 2 乗の合計が最小になる回帰直線を求める方法を**最小 2 乗法**といいます。

[7] 複数の変数を用いた分析のことを**多変量解析**と呼びます。

[8] 重回帰分析における回帰係数は，偏回帰係数と呼ばれます。やや専門的な内容になりますが，偏回帰係数は，それ以外の説明変数の値を固定した場合に，その説明変数が 1 増加すると，目的変数の値がどれだけ増加（もしくは減少）するかを示しています。

[9] このデータの詳細については，拙論 "Investigating the chronological variation of popular song lyrics through lexical indices"（Kobayashi, Amagasa, & Suzuki, 2017）を参照。なお，表中の形状詞は，学校文法における形容動詞の語幹に相当する品詞です。また，語彙レベルの判定は，「日本語教育語彙表 Ver 1.0」（http://jisho.jpn.org/）に基づいています。

表 8.3　歌詞における 26 種類の語彙指標の頻度

年	品詞												
	感動詞	形状詞	形容詞	助詞	助動詞	接続詞	代名詞	動詞	副詞	固有名詞	普通名詞	連体詞	その他
1976	0.59	2.49	2.49	32.72	10.65	0.11	6.45	11.87	2.56	0.78	24.81	0.67	3.82
1977	0.88	1.21	2.46	27.51	8.76	0.02	4.58	9.43	1.94	0.76	21.19	0.88	20.36
1978	0.73	1.33	2.47	29.30	8.71	0.13	4.94	9.12	2.02	0.73	22.54	0.67	17.29
…	…	…	…	…	…	…	…	…	…	…	…	…	…
2015	0.28	0.92	2.26	25.23	9.26	0.09	3.39	9.07	2.07	0.20	19.23	1.01	26.99

表 8.3　歌詞における 26 種類の語彙指標の頻度（続き）

年	語種				文字種			語彙レベル					
	和語	漢語	外来語	混種語	ひらがな	カタカナ	漢字	初級前半	初級後半	中級前半	中級後半	上級前半	上級後半
1976	27.88	63.55	4.83	3.25	68.39	10.28	21.33	0.37	0.22	0.22	0.14	0.05	0.01
1977	89.77	6.55	2.31	1.37	68.10	8.94	22.96	33.28	22.20	22.37	16.02	4.89	1.25
1978	88.40	6.61	4.10	0.89	67.91	10.63	21.47	30.85	22.64	21.97	16.71	6.54	1.29
…	…	…	…	…	…	…	…	…	…	…	…	…	…
2015	86.59	9.09	3.19	1.13	65.30	8.07	26.62	0.27	0.26	0.23	0.18	0.06	0.00

　まず，予備的分析として，表 8.3 における各変数の関連性を調べるために，**相関係数**（p.119 のコラム「相関係数」を参照）を計算します。表 8.4 は，相関係数の高い変数の組み合わせ（上位 10 位）です[10]。この表によると，語彙指標間で最も相関の高い組み合わせは，和語と漢語の組み合わせであり（−0.99），助詞とその他（−0.98），外来語とカタカナ（−0.89），動詞とその他（−0.89）と続いています。また，楽曲が流行した年と高い相関を持つ語彙指標は，漢字（0.78）でした。

---

[10] 相関係数にも様々な種類がありますが，ここでは，Pearson の積率相関係数を求めています。相関係数の計算にあたっては，R の cor 関数を用いました。

8.2 線形重回帰分析 119

表 8.4 変数間の相関関係（上位 10 位）

順位	変数 1	変数 2	相関係数
1	和語	漢語	−0.99
2	助詞	その他	−0.98
3	外来語	カタカナ	0.89
4	動詞	その他	−0.89
5	動詞	助詞	0.87
6	代名詞	その他	−0.85
7	助詞	代名詞	0.83
8	助動詞	その他	−0.78
9	漢字	年	0.78
10	助詞	助動詞	0.75

― コラム ―

🔍 **相関係数**

　相関係数は，複数のデータがどの程度の強さで相互に関連しているかを表す指標です。たとえば，気温を横軸に，アイスクリームの売上を縦軸にとった散布図を描いたとすると，気温が上がる（横軸の右側に移動する）につれて，アイスクリームの売上も上がる（縦軸の上側に移動する）でしょう。そのとき，横軸の値と縦軸の値が右上がりの直線に近づくほど，両者の結びつきの強さを表す相関係数が高くなります（このような関係を正の相関といいます）。また，気温が下がる（横軸の左側に移動する）につれて，おでんの売上が上がる（縦軸の上側に移動する）といった右下がりの関係でも，2 つの変数の結びつきが強いほど，相関係数の絶対値は高くなります（ただし，このような場合は，係数にマイナスの符号がつき，負の相関と呼びます）。相関係数は−1 から 1 までの値をとり，相関係数が 0 の場合は，2 つの変数の間にまったく関連性がないということになります。図 8.4 は，相関係数のイメージです。この図を見ると，相関係数の絶対値が大きくなるほど，2 つの変数は直線的な関係に近づいていくことがわかります。

　相関係数の値と関連性の強さに関する絶対的な基準はありませんが，相関係数の絶対値が 0〜0.2 だと「ほとんど相関なし」，0.2〜0.4 だと「弱い相関あり」，0.4〜0.7 だと「比較的強い相関あり」，0.7〜1 だと「強い相関あり」であるとする文献もあります（吉田，1998）。ただし，相関分析を行うときは，係数だけを鵜呑みにせず，散布図（4.6 節参照）を描いてみて，データ間の関係を視覚的にも確認するように心がけましょう。

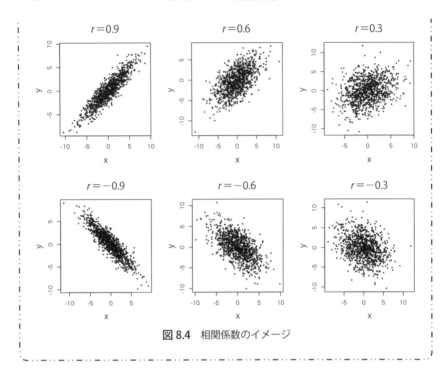

図 8.4　相関係数のイメージ

　重回帰分析を行うにあたっては，**多重共線性**に注意する必要があります。多重共線性とは，2つの説明変数の間に強い相関関係があるときに起こることです。多重共線性が生じると，常識的に正の値になるはずの偏回帰係数が負の値になったり，負の値になると考えられる偏回帰係数が正の値になったりします。また，データの数を少し変えただけで偏回帰係数の値が大きく変動することもあり，回帰分析の結果が不安定になります。このような多重共線性の問題を回避する方法の1つとしては，事前に相関分析を行い，強い相関関係を持つ2つの説明変数のうちのいずれかを除外するという手があります。あるいは，**変数選択**と呼ばれる統計的な手法を用いて，回帰分析に用いる説明変数を自動的に選択することも可能です。表 8.5 は，主な変数選択の方法を簡単にまとめたものです。

　ここでは，変数増減法を用いた変数選択を行います。その結果，26 種類の語彙指標の中の 16 種類が統計的に選択され，以下のような回帰式が得られまし

8.2 線形重回帰分析 121

表 8.5 主な変数選択の方法

方　法	仕組み
変数増加法	最初に，目的変数との関連性が最も高い説明変数を回帰式に入れる。その後，すでに回帰式に入っている説明変数との関係を考慮しながら，一定の基準に達するまで，目的変数との関連性が高い順に説明変数を入れていく。
変数減少法	最初に，すべての説明変数を回帰式に入れる。その後，他の説明変数との関係を考慮しながら，一定の基準に達するまで，目的変数との関連性が低い順に説明変数を除いていく。
変数増減法	増加法と減少法を組み合わせた方法。変数増加法と同じ基準で説明変数を1つずつ回帰式に入れつつ，変数減少法と同じ基準で削除するべき説明変数を除いていく。

た[11]。

楽曲がランクインした年

$$
\begin{aligned}
= &\ (-7.820\mathrm{e}+00 \ \times\ \text{形容動詞}) & + &\ (\ \ 3.072\mathrm{e}+00 \ \times\ \text{助動詞}) \\
+ &\ (-3.879\mathrm{e}+01 \ \times\ \text{接続詞}) & + &\ (-2.577\mathrm{e}+00 \ \times\ \text{代名詞}) \\
+ &\ (-1.917\mathrm{e}+00 \ \times\ \text{動詞}) & + &\ (\ \ 4.255\mathrm{e}+00 \ \times\ \text{副詞}) \\
+ &\ (\ \ 6.195\mathrm{e}+00 \ \times\ \text{連体詞}) & + &\ (\ \ 1.544\mathrm{e}+02 \ \times\ \text{初級後半語彙}) \\
+ &\ (\ \ 1.902\mathrm{e}+02 \ \times\ \text{中級前半語彙}) & + &\ (\ \ 1.301\mathrm{e}+02 \ \times\ \text{中級後半語彙}) \\
+ &\ (-1.502\mathrm{e}+00 \ \times\ \text{ひらがな}) & + &\ (-2.263\mathrm{e}+00 \ \times\ \text{カタカナ}) \\
+ &\ (\ \ 3.099\mathrm{e}+02 \ \times\ \text{和語}) & + &\ (\ \ 3.132\mathrm{e}+02 \ \times\ \text{漢語}) \\
+ &\ (\ \ 3.115\mathrm{e}+02 \ \times\ \text{外来語}) & + &\ (\ \ 3.010\mathrm{e}+02 \ \times\ \text{混種語}) \\
+ &\ (-2.900\mathrm{e}+04) & &
\end{aligned}
$$

　少し長い式ですが，正の回帰係数が掛けられている語彙指標（助動詞など）は通時的に増加傾向にあり，負の回帰係数が掛けられている語彙指標（形容動詞など）は通時的に減少傾向にあります[12]。

---

[11] ここでは，R の step 関数を用いて，赤池情報量規準（AIC）という指標を使った変数選択を行いました。

[12] この回帰式では，回帰係数が浮動小数点で表示されています。たとえば，和語に掛けられている 3.099e + 02 という値は，3.099 に 10 の − 2 乗を掛けた値（3.099 の小数点を左に 2 桁移動した値）に対応しています。

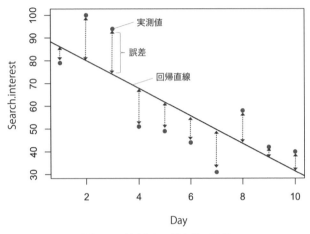

図 8.5 実測値と回帰直線の誤差

回帰分析の結果として得られた回帰式がどれくらいデータをうまく説明しているかを知るためには,**決定係数**などの指標を計算します.決定係数は,実測値と回帰直線の誤差などに注目し,説明変数が目的変数をどれくらい説明しているかを表す指標です.図8.5は,実測値と回帰直線の誤差のイメージです[13].決定係数は,0から1までの値をとり,1に近いほど,回帰式が実際のデータをうまく説明していることを意味します[14].そして,本節で行った線形重回帰分析の決定係数は 0.93 であり,(変数選択の結果)分析に用いた 16 種類の語彙指標は楽曲がランクインした年をよく説明しているということができます.

ちなみに,個々の語彙指標の値に注目すると,1990年頃から外来語やカタカナの使用頻度が著しく減少する一方で,漢語や漢字の使用頻度が増加していることがわかります(Kobayashi, Amagasa, & Suzuki, 2017).

---

[13] 簡便のため,ここでは線形単回帰分析の例で説明しています.なお,この図で使用されているデータは,8.1 節で用いた *Rogue One* のデータ(最初の 10 日分のみ)です.

[14] なお,決定係数は,説明変数の数を増やすほど1に近づいていくという性質を持っています.したがって,説明変数の数の影響を考慮した**調整済み決定係数**という指標を用いることもあります.

コラム

🔍 リーダビリティ

リーダビリティとは，文章の読みやすさを測るための指標です。これまで様々なリーダビリティの指標が提案されていますが，英語圏で最も有名な指標は，Flesch-Kincaid Grade Level です。この指標は，以下の計算式を用いて導かれ，分析対象のテキストをアメリカの何歳程度の子供が理解できるかを推定します（Kincaid, Fishburne, Rogers, & Chissom, 1975）。

$$\text{Flesch-Kincaid Grade Level} = 0.39\left(\frac{\text{総語数}}{\text{総文数}}\right) + 11.8\left(\frac{\text{総音節数}}{\text{総語数}}\right) - 15.59$$

一見して気がつくかもしれませんが，Flesch-Kincaid Grade Level は回帰分析によって導出されています。

英語のリーダビリティ指標だけでなく，日本語のリーダビリティ指標も回帰式に基づいています。たとえば，jReadability では，以下のようなリーダビリティの計算式が用いられています。

$$
\begin{aligned}
\text{リーダビリティ（母語話者文章評価）} = \ &(-0.056 \times \text{平均文長}) \\
+ \ &(-0.126 \times \text{漢語率}) \\
+ \ &(-0.042 \times \text{和語率}) \\
+ \ &(-0.145 \times \text{動詞率}) \\
+ \ &(-0.044 \times \text{助詞率}) \\
+ \ &(\ 11.724)
\end{aligned}
$$

第 **9** 章

データを分類する

本章では，教師あり学習の分類について説明します[*1]。具体的には，線形判別分析による文学作品の書き手の判定，決定木によるスパムメールの判定，ランダムフォレストによる英語スピーキング能力の判定，分類結果の評価指標などを扱います。

9.1 線形判別分析

前章では教師あり学習の回帰を扱いましたが，本章では教師あり学習の分類を扱います。分類手法にも様々なものがありますが，まずは，最も基本的な手法である**線形判別分析**について説明します。

線形判別分析とは，説明変数の頻度パターンを解析し，あらかじめ設定された複数のカテゴリー（群）に大量のデータを自動分類するための手法です。自動分類に用いる判別式（線形判別関数）は，説明変数が2つの場合，

$$Y = a_1 \times X_1 + a_2 \times X_2 + c$$

となります。この式は線形重回帰分析（8.2節を参照）の式と本質的に同じもので，この式から得られる値（判別得点）に基づいて分類が行われます[*2]。図9.1は，説明変数が2つの場合の線形判別分析のイメージです。この図ではデータが ● と ▲ という2つの群に分類されていますが，線形判別分析で3つ以上の

[*1] 本章の一部は，拙論「教師あり学習と教師なし学習を用いた芥川龍之介と太宰治の計量文体分析」（小林，2013c），"Automated scoring of L2 spoken English with random forests"（Kobayashi & Abe, 2016），拙著『Rによるやさしいテキストマイニング』（小林，2017a）の内容を加筆修正したものです。また，本章では，特別に明記しない限り，Rを統計解析に用いています。

[*2] 判別分析の数理的説明に関しては，統計学の専門書（佐藤，2009）を参照。

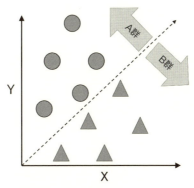

図 9.1 線形判別分析のイメージ

群にデータを分類することも可能です。

ここでは，芥川龍之介と太宰治が書いた 20 編のテキストを対象に，高頻度な 16 種類の文字（か，が，く，し，ず，て，で，と，に，は，ば，へ，も，ら，り，れ）と読点の 2-gram の頻度を用いた書き手の自動判定実験を行います[*3]。表 9.1 は，本節で用いる分析データ（の一部）です[*4]。

表 9.1 の「作者」の列の情報を目的変数，それ以外の列の情報を説明変数とする線形判別分析を行うと，以下のような判別式が得られます[*5]。

$$
\begin{aligned}
作者 =\ & (\ 4.24 \times か,) + (-3.91 \times が,) + (-3.52 \times く,) + (\ 1.01 \times し,) \\
& + (\ 4.96 \times ず,) + (-0.25 \times て,) + (\ 2.93 \times で,) + (\ 1.24 \times と,) \\
& + (-2.29 \times に,) + (\ 1.50 \times は,) + (-2.00 \times ば,) + (12.06 \times へ,) \\
& + (\ 2.05 \times も,) + (-3.43 \times ら,) + (-7.71 \times り,) + (-0.54 \times れ,) \\
& + \ -10.00
\end{aligned}
$$

[*3] 文字と読点の 2-gram（つまり，読点がどこに打たれているかという情報）は，文学作品の書き手の判定のみならず，犯罪捜査で脅迫状の書き手を推定する際などにも活用されています（村上, 2004）。日本語には文章に読点を打つ位置に関する厳密なルールが存在しないため，読点を打つ位置に書き手の癖が出やすいといわれています。このような文章の癖を「文章の指紋」と呼ぶこともあります。

[*4] 線形判別分析では，単純頻度ではなく，相対頻度を用いるのが一般的です。相対化していない頻度を用いた場合，分析の結果として得られる判別式の解釈が難しくなります。

[*5] ここでは，R の lda 関数を用いました。

表 9.1　芥川龍之介と太宰治のテキストにおける文字と読点の 2-gram の頻度

	か,	が,	く,	し,	ず,	て,	で,	と,	に,	は,	ば,	へ,	も,	ら,	り,	れ,	作者
アグニの神	1.39	4.67	0.25	0.88	0.51	1.64	0.25	3.28	4.80	5.69	1.01	0.88	2.27	4.67	1.39	0.00	芥川
一夕話	0.51	3.23	0.00	0.85	0.34	1.00	0.68	2.55	4.60	6.30	2.04	0.51	2.89	3.57	1.70	0.00	芥川
邪宗門	0.83	7.51	0.83	0.45	0.30	7.23	2.76	4.75	3.09	6.25	0.48	0.35	3.09	4.90	0.93	0.20	芥川
河　童	0.78	1.27	0.14	0.59	0.19	0.11	0.03	1.11	0.35	0.35	1.22	0.03	0.73	2.89	1.51	0.11	芥川
奇怪な再会	0.97	6.48	0.05	0.00	0.48	0.77	0.05	4.21	5.95	5.86	0.29	1.74	2.76	5.86	1.06	0.00	芥川
羅生門	0.71	5.48	0.88	0.53	0.35	8.48	3.71	3.53	4.59	13.07	1.41	0.00	1.77	6.01	1.06	0.18	芥川
杜子春	0.99	5.06	0.44	0.33	0.66	8.14	0.88	4.40	3.63	4.18	0.88	0.99	3.63	7.37	0.66	0.00	芥川
馬の脚	1.28	2.11	0.18	0.27	0.09	0.09	0.00	1.01	0.46	0.09	1.47	0.00	0.64	1.83	1.47	0.09	芥川
海のほとり	0.17	1.34	0.00	1.01	0.84	0.34	0.00	1.17	0.84	0.17	0.17	0.00	1.17	2.18	1.68	0.50	芥川
藪の中	1.31	4.29	0.00	0.12	0.12	0.12	0.00	3.10	7.74	7.27	1.67	1.55	3.22	3.57	1.91	0.24	芥川
グッド・バイ	0.00	2.53	1.09	2.87	0.55	7.37	3.55	1.57	2.53	10.45	0.55	0.14	4.03	4.51	1.78	0.48	太宰
走れメロス	0.00	2.14	0.51	1.43	0.51	5.11	1.74	1.33	2.14	13.38	0.82	0.00	2.96	2.55	1.63	0.51	太宰
狂言の神	0.00	0.26	1.49	1.49	0.97	7.97	2.01	1.30	3.63	7.38	0.84	0.19	2.20	1.88	2.40	1.04	太宰
虚構の春	1.05	3.06	1.36	1.45	0.66	5.56	2.46	1.36	1.85	6.46	0.70	0.11	2.77	2.18	1.67	0.40	太宰
お伽草紙	0.00	2.95	1.12	2.27	0.57	6.67	2.05	1.37	2.36	8.25	0.49	0.25	4.29	2.67	1.41	0.58	太宰
パンドラの匣	1.31	3.99	1.06	1.47	0.57	8.03	2.46	1.71	2.92	8.86	0.30	0.07	3.74	2.89	1.44	0.31	太宰
猿面冠者	0.62	1.98	0.07	1.50	0.41	4.31	1.09	0.55	1.98	9.37	0.62	0.21	2.26	2.94	1.03	0.41	太宰
斜　陽	0.99	3.50	1.13	1.26	0.55	10.39	3.53	2.37	3.30	9.48	0.46	0.10	5.08	4.30	1.59	0.36	太宰
姥　捨	1.24	2.62	0.51	1.38	0.51	8.79	2.25	1.53	1.82	14.31	0.73	0.00	3.85	3.34	2.47	0.73	太宰
ヴィヨンの妻	1.33	3.75	1.68	1.87	0.35	10.31	4.24	2.17	2.66	6.71	0.54	0.05	3.90	3.21	1.63	0.20	太宰

　2つカテゴリーを分ける線形判別分析では，上記のような判別式から求めた判別得点の正負で書き手を判定します。また，回帰式と同様に，係数の絶対値が大きい説明変数ほど，書き手の判定に寄与しています。

　しかしながら，このような判別式による判定結果をそのまま使うことはできません。なぜなら，判別式の作成に用いたデータ（訓練データ）と，作成した判別式を適用するデータ（検証データ）が同じだからです。そのような場合，不当に高い分類精度が出てしまうことが知られています。これを**過学習**（過剰適合）といいます。そもそも，そのデータに適合するように判別式を作ったのですから，同じデータをうまく分類できるのは当然です。こうした過学習を避けるには，訓練データと検証データを分ける必要があります。そのような方法の1つとして，**交差検証法**が挙げられます。

　交差検証法は，以下のような手順で行われます（金，2017）。

① 全データを同一サイズの n 個のグループに分割する
② そのうちの1つを検証データとする
③ 残りの $n-1$ 個を訓練データとして，判別式を作成する
④ 検証データを用いて，作成した判別式の精度を評価する
　（以下，検証データを入れ替えながら，同じ評価を n 回繰り返す）
⑤ 作成された n 個の判別式の精度の平均値をとって，全体の精度を求める

　表9.2は，線形判別分析の交差検証法を行った書き手の判定結果です。このような表を**混同行列**と呼びます。表の一番左の列にある「芥川」と「太宰」は「本当は芥川が書いたテキスト」と「本当は太宰が書いたテキスト」という正解データを表し，一番上の行にある「芥川」と「太宰」は「芥川が書いたと判定されたテキスト」と「太宰が書いたと判定されたテキスト」という判定結果を表しています（したがって，表中で太字になっている値が正しく書き手を判定できたテキストの数を示しています）。この表を見ると，芥川と太宰が書いた20編のテキストのうち，16編の書き手が正しく判定され，4編が誤って判定されました（正判別率は80%）。なお，書き手が誤って判定されたテキストは，芥川の『邪宗門』と『羅生門』，太宰の『狂言の神』と『猿面冠者』でした。いくつかのテキストが誤って判定されたのは，分析に用いた説明変数（文字と読点の2-gram）の頻度パターンが同じ書き手が書いた他のテキストにおける頻度パターンと異なっていたことなどによります[*6]。

表9.2　線形判別分析による書き手の判定結果

	芥川	太宰	Accuracy
芥川	**8**	2	80%
太宰	2	**8**	80%
Total accuracy			80%

[*6] いうまでもなく，異なる説明変数を用いたり，異なる分類手法を用いたりすると，判定結果が変わる可能性があります。

128 第9章 データを分類する

┌─────────────────────────────────── コラム ─

🔍 犯罪捜査における言語分析

　計量的な言語分析の技術は，警察などによる犯罪捜査でも活用されています。たとえば，手書きではなく，ワープロソフトで作成された印刷文書，インターネットを経由して送られてきた電子メールなどの場合，従来の筆跡鑑定が使えません。そこで，読点の打ち方，助詞や助動詞の頻度，品詞 *n*-gram の使用傾向に基づく機械学習の手法を用いて，印刷文書や電子メールの書き手を推定します。このような言語分析は，脅迫状や遺書の書き手の特定や電子メールを用いた被害者なりすまし事件の捜査などで効果を発揮します。たとえば，2001 年に東京都内で起きた保険金詐取目的の殺人事件では，事件発生後に警察署に届けられた自称目撃者による手紙と，その後に届いた自称犯人による遺書の書き手が同一であることが計量的な言語分析で明らかにされました。そして，それらの文書の文体が被害者の兄の文体と極めて類似していることが示され，犯人逮捕につながりました。犯罪捜査における計量的言語分析については，『犯罪捜査のためのテキストマイニング─文章の指紋を探り，サイバー犯罪に挑む計量的文体分析の手法』（財津，2019）などに詳しく書かれています。

└───────────────────────────────────

■ 9.2 決 定 木

　次に，**決定木**という手法を紹介します[*7]。決定木は，説明変数の値に基づいてデータを段階的に分割していくことで，判別モデルを構築します（下川・杉本・後藤，2013）。その分割の過程は，図 9.2 のように，木構造で表現することができます。この図の左側を見てください。この散布図には，●，▲，◆という 3 つの群に属するデータが分布しています。この 3 つの群を分ける場合，Y の値が 25 以上か 25 未満かに注目すると，●とそれ以外の 2 群を区別することができます（分割線 1）。続いて，X の値が 30 以上か 30 未満かに注目すると，▲と◆を区別することが可能です（分割線 2）。これら 2 段階の分割を木構造

[*7] 決定木には様々な種類がありますが，ここでは CART（Classification And Regression Tree）という方法（Breiman, Friedman, Stone, & Olshen, 1984）について説明します。

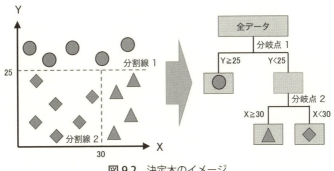

図 9.2　決定木のイメージ

で表現したものが右側の図です．分岐が開始される一番上の部分をルート（根）といい，ルートから枝分かれした先をノード（節）といいます．なお，実際のデータセットの場合は，このように完璧な判別ができるとは限らず，誤判別されるデータもあります．

データの分割基準として用いられる指標は複数ありますが，一般的には，**Gini係数**などを使います．Gini係数は，経済学では所得の不均衡を表す概念ですが，データサイエンスではデータの「不純度」を表します．簡単にいえば，まったく分類されていない状態を「不純」，完全に分割された状態を「純粋」であるとし，0から1の値をとります（完全に分割された状態で0となります）．

ここでは，決定木によるスパムメール判定実験を行います．この実験に用いるデータセットは，4601通の電子メールに含まれている57種類の単語や記号の相対頻度を集計したもので，個々のメールがスパムメールであるのか否かという情報が付与されています[8]．表9.3は，本節で用いる分析データ（の一部）です．そして，このデータセットの約半分（2301通）を訓練データとし，残りの半分（2300通）を検証データとします[9]．

図9.3は，表9.3の"type"の情報（spam/nonspam）を目的変数，57種類の

---

[8] このスパムメールのデータは，R の kernlab パッケージ（https://CRAN.R-project.org/package=kernlab）の spam データセットに含まれています．
[9] 具体的には，データセットの奇数行を訓練データ，偶数行を検証データとして用います．

表9.3 スパムメール判定実験用のデータセット

make	address	all	num3d	our	over	remove	internet	order	mail	receive	…	type
0	0.64	0.64	0	0.32	0	0	0	0	0	0	…	spam
0.21	0.28	0.5	0	0.14	0.28	0.21	0.07	0	0.94	0.21	…	spam
0.06	0	0.71	0	1.23	0.19	0.19	0.12	0.64	0.25	0.38	…	spam
0	0	0	0	0.63	0	0.31	0.63	0.31	0.63	0.31	…	spam
0	0	0	0	0.63	0	0.31	0.63	0.31	0.63	0.31	…	spam
…	…	…	…	…	…	…	…	…	…	…	…	…
0.31	0	0.62	0	0	0.31	0	0	0	0	0	…	nonspam
0	0	0	0	0	0	0	0	0	0	0	…	nonspam
0.3	0	0.3	0	0	0	0	0	0	0	0	…	nonspam
0.96	0	0	0	0.32	0	0	0	0	0	0	…	nonspam
0	0	0.65	0	0	0	0	0	0	0	0	…	nonspam

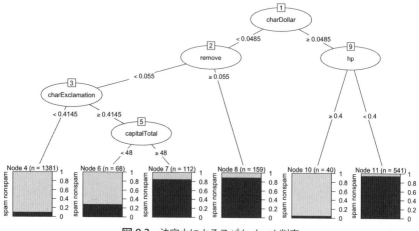

図9.3 決定木によるスパムメール判定

単語や記号の相対頻度を説明変数とする決定木を実行した結果です[*10]。この図を見ると，まず，$記号（charDoller）の頻度によって，スパムか否かを区別できることが示されています。そして，次の段階では，"remove"もしくは"hp"

[*10] ここでは，R の rpart パッケージ（https://CRAN.R-project.org/package=rpart）の rpart 関数と partykit パッケージ（https://CRAN.R-project.org/package=partykit）の as.party 関数を用いました。

の頻度に基づく分割が行われています．このように，決定木を用いると，各群を分類するためのルールを視覚的に把握することができます．したがって，必ずしも統計に明るくない方々に分析結果をわかりやすく伝えなければならない場合，非常に有効な手法となります．

決定木では，過学習を避けるために，**枝の剪定**を行うことがあります[*11]．図9.4 は，木の複雑さを表す cp 値（complexity parameter）と交差検証法による誤判別率（＝1－正判別率）の関係を可視化した結果です[*12]．また，点線の横線は，誤判別率の最小値に標準偏差を足した値で，その点線を最初に下回った cp 値を剪定の基準として用います．

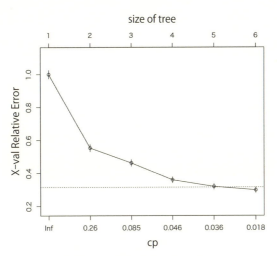

図 9.4　cp 値と誤判別率の関係

図 9.4 を見ると，図中の折れ線は，cp 値が 0.036 のところで点線と交差しています．そこで，この値を剪定の基準として，決定木を作り直します．図 9.5 は，剪定した決定木を可視化した結果です．

[*11] 決定木をどんどん複雑にして，多くの分割ルールを設定するほど，訓練データを正確に説明することができます．しかし，訓練データに過剰に適合した判別モデルは，他のデータ（検証データ）をうまく説明することができません．

[*12] ここでは，R の plotcp 関数を用いました．

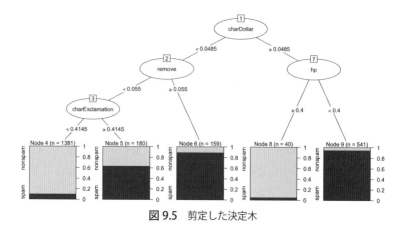

図 9.5 剪定した決定木

そして，表9.4は，剪定した決定木の分割ルールを検証データ（2300通）に適用した結果です。この表を見ると，正判別率は89.30%です。また，誤判定されたメールのうち，スパムメールでないのにスパムメールであると判定されたメールが73通で，スパムメールであるのにスパムメールではないと判定されたメールが173通でした。

表 9.4 決定木によるスパムメールの判定結果

	spam	nonspam	Accuracy
spam	**1321**	73	94.76%
nonspam	173	**733**	80.91%
	Total accuracy		89.30%

9.3 ランダムフォレスト

線形判別分析と決定木の他にも，分類の手法は数多く提案されています。その中で比較的高い分類精度が得られる手法として，**ランダムフォレスト**が知られています（金，2009a）。ランダムフォレストとは，大量の決定木を生成し，それらすべての決定木から得られる結果の多数決によって，最終的な分類を行う手法です（下川・杉本・後藤，2013）。このように，多数の判別モデルを1つ

に統合して，よりよいモデルを構築する手法を**アンサンブル学習**と呼びます。図 9.6 は，アンサンブル学習のイメージです。ランダムフォレストでは，多数の判別モデルを生成する際に，一部の説明変数のみを無作為抽出して用います。したがって，分析の前に変数選択をする必要はありません。

ここでは，ランダムフォレストを用いて，英語のスピーキング能力の自動判定を行います。この実験に用いるデータセットは，1281 人の日本人英語学習者が Standard Speaking Test（SST）というスピーキングテストを受けた際の発話から 63 種類の言語項目（総語数，異語数，平均文長など）の値を集計したものです。表 9.5 は，1281 人の日本人英語学習者のスピーキング能力を SST で判

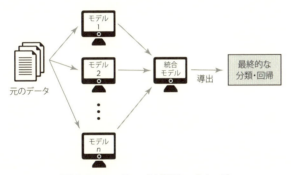

図 9.6 アンサンブル学習のイメージ

表 9.5 日本人英語学習者のスピーキング能力（SST レベル）

SST レベル	学習者の数
1	3（0.23%）
2	35（2.73%）
3	222（17.33%）
4	482（37.63%）
5	236（18.42%）
6	130（10.15%）
7	77（6.01%）
8	56（4.37%）
9	40（3.12%）
総計	1281（100.00%）

定した結果です。前節までの分類は2群の判別（芥川と太宰, spam と nonspam）でしたが，本節では9段階のレベルを判定します。

そして，表9.6 は，63 種類の言語項目を数量化した結果（の一部）です[13]。

表9.7 は，ランダムフォレストによるスピーキング能力の自動判定結果で

表 **9.6** スピーキング能力の自動判定用のデータセット

SST level	amplifiers	analytic negations	causative adverbial subordinators	…	*wh*-relatives in subject position
1	0.00	0.00	0.00	…	0.00
1	0.00	0.00	0.00	…	0.00
1	0.00	0.00	0.00	…	0.00
2	0.29	0.00	0.00	…	0.00
2	0.00	2.78	0.00	…	0.00
…	…	…	…	…	…
9	0.56	1.40	0.49	…	0.00
9	0.31	2.13	0.63	…	0.06
9	2.94	1.55	1.14	…	0.16
9	0.85	1.56	0.57	…	0.21
9	0.32	2.00	0.56	…	0.08

表 **9.7** ランダムフォレストによるスピーキング能力の自動判定結果

	1	2	3	4	5	6	7	8	9	Accuracy
1	**0**	3	0	0	0	0	0	0	0	0.00%
2	0	**21**	14	0	0	0	0	0	0	60.00%
3	0	2	**145**	74	1	0	0	0	0	65.32%
4	0	0	33	**407**	40	2	0	0	0	84.44%
5	0	0	0	102	**119**	14	1	0	0	50.42%
6	0	0	0	19	61	**39**	5	5	1	30.00%
7	0	0	0	1	21	24	**21**	9	1	27.27%
8	0	0	0	12	14	22	**4**	4		7.14%
9	0	0	0	0	1	5	14	6	**14**	35.00%
									Total accuracy	60.11%

---

[13] このデータは，NICT JLE Corpus（https://alaginrc.nict.go.jp/nict_jle/index.html）として公開されているものです。また，説明変数やデータ処理の詳細については，拙論 "Automated scoring of L2 spoken English with random forests"（Kobayashi & Abe, 2016）を参照。

す[*14]。ランダムフォレストで作成する決定木の数は1000本とし，個々の決定木を作成するにあたっては，ランダムに抽出された7種類の説明変数を用いました。そして，正判別率は60.11％でした。

また，図9.7は，ランダムフォレストによる判定に寄与した説明変数（上位10位まで）を**ドットプロット**という形式で可視化したものです[*15]。この図を見ると，ここで分析対象とした学習者のスピーキング能力を判定するにあたっては，発話の総語数（tokens），異語数（types），名詞の頻度（other total nouns）などが特に有効であることがわかります。しかし，習熟度が上がるにつれて個々の言語項目の値が増加するのか，それとも減少するのかは，元データを確認しないと判断できません。実際に調べてみると，総語数と異語数などがレベルが上がるにつれて増加していくのに対して，名詞の数はレベルが上がるにつれて減少していくことがわかります（Kobayashi & Abe, 2016）。

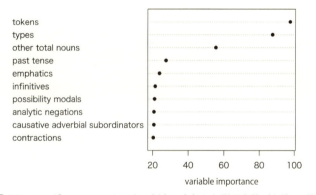

図9.7 ランダムフォレストによる判定に寄与した説明変数（上位10位）

[*14] ここでは，RのrandomForestパッケージ（https://CRAN.R-project.org/package=randomForest）のrandomForest関数を用いました。

[*15] ここでは，RのrandomForestパッケージのvarImpPlot関数を用いました。なお，この図の横軸にある変数重要度（variable importance）は，Gini係数の平均減分を用いた指標です（Breiman, 2001）。

コラム

🔍 判定精度の評価指標

　本章では，線形判別分析，決定木，ランダムフォレストによるテキストの分類実験を行い，その結果を正判別率で評価しました。しかしながら，単純な正判別率を確認するだけでは不十分な場合もあります。たとえば，一部のカテゴリーが極端に多いデータ（不均衡データ）について考えてみましょう。カテゴリーAに属するデータが90個，カテゴリーBに属するデータが10個含まれるデータセットの場合，何も考えずにカテゴリーAを選ぶアルゴリズムであったとしても，その精度は90%となります。

　機械学習の分野では，単純な正判別率の他にも，様々な評価指標が提案されています。代表的な評価指標としては，「Aだ」と予測した場合に本当にAだった割合を表す**適合率**と，「Aだ」と予測すべきデータを正しく予測できた割合を表す**再現率**の2つがあります。

　表9.8のような混同行列があるとき，適合率と再現率は，以下のように計算します。

表9.8　正解データと機械学習による予測結果

		機械学習による予測結果	
		Aだ	Aではない
正解データ	Aだ	「Aだ」という予測が当たった場合	「Aではない」という予測が外れた場合
	Aではない	「Aだ」という予測が外れた場合	「Aではない」という予測が当たった場合

適合率
$$= \frac{\text{「Aだ」という予測が当たった数}}{\text{「Aだ」という予測が当たった場合}+\text{「Aだ」という予想が外れた場合}}$$

再現率
$$= \frac{\text{「Aだ」という予測が当たった数}}{\text{「Aだ」という予測が当たった場合}+\text{「Aではない」という予想が外れた場合}}$$

　また，適合率と再現率がトレードオフの関係にあるため，両者のバランス（調和平均）をとった**F値**という指標が用いられることもあります。

$$F\text{値}=\frac{2\times\text{適合率}\times\text{再現率}}{\text{適合率}+\text{再現率}}$$

9.3 ランダムフォレスト

　なお，分析の目的によっては，適合率と再現率のいずれかを重視して重みをつける場合もあります。

第 10 章

データをグループ化する

本章では，教師なし学習の分類について説明します[1]。具体的には，階層型クラスター分析を用いた物語文学と日記文学のグループ化，対応分析を用いた中古資料のグループ化，トピックモデルを用いた白書のグループ化などを扱います。

10.1 クラスター分析

前章では，教師あり学習の分類について説明しました。教師あり学習の分類手法は，正解データつきの訓練データを解析することで，「スパムメール」や「通常のメール」といったカテゴリーの特徴を発見し，両者を分けるルールを学習する手法です。続く本章では，正解データが得られない場合に，何らかの基準に基づいて，類似したデータをいくつかのグループに分類する教師なし学習の手法を紹介します。

まずは，代表的な教師なし学習の手法である**クラスター分析**を紹介します。クラスター分析には，大きく分けて，**階層型クラスター分析**と**非階層型クラスター分析**の 2 種類があります。そのうち，本節では階層型クラスター分析について説明します。

階層型クラスター分析は，個々のデータの非類似度を「距離」として表現し，

---

[1] 本章の一部は，拙論「データ解析環境 R による言語の類型化」（小林，2012），「中古和文における個人文体とジャンル文体—多変量解析による歴史的資料の文体研究」（小林・小木曽，2013），「中古における接続表現の統計的分析—指示詞を構成要素とするものを中心に」（小林・岡﨑，2017），拙著『R によるやさしいテキストマイニング』（小林，2017a），『R によるやさしいテキストマイニング［機械学習編］』（小林，2017b），『R によるやさしいテキストマイニング［活用事例編］』（小林，2018）の内容を加筆修正したものです。また，本章では，特別に明記しない限り，R を統計解析に用いています。

距離の近いデータ同士をまとめてクラスター（グループ）を作っていく手法です。具体的には，それぞれのデータがまったくまとめられていない状態から始めて，少数のクラスターを順次作っていき，最終的にすべてのデータを含む大きなクラスターを作ります。このように距離の近いデータ同士をまとめていく手法を**クラスタリング**といいます。クラスタリングでは，個々のデータの非類似度をどのような「距離」として表現するか，個々のデータからどのように「クラスター」を作るかが重要になります。

たとえば，データ間の非類似度を測る「距離」と一口にいっても，様々な定義があります。ここで，視覚的に理解しやすいユークリッド距離とマンハッタン距離という2つの距離の定義を比べてみます。図10.1は，ユークリッド距離とマンハッタン距離のイメージです。

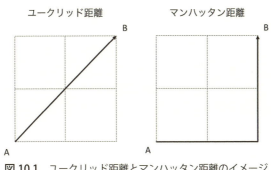

図10.1 ユークリッド距離とマンハッタン距離のイメージ

ユークリッド距離とマンハッタン距離の違いを理解するために，東西南北に碁盤の目のような道がある街をイメージしてください。そして，A地点からB地点まで，ヘリコプターか何かを使って，最短距離で移動するのがユークリッド距離のイメージです。それに対して，徒歩で東へ2ブロック，それから北へ2ブロックのように，徒歩で移動するのがマンハッタン距離のイメージです。このように，A地点とB地点の「距離」といっても，複数の距離の測り方が存在します。

また，個々のデータ間の距離を計算したあとで「クラスター」を作っていく

方法にも，様々なものがあります．2つの小さいクラスターをより大きなクラスターにまとめていく方法の中で，比較的わかりやすい最短距離法，最長距離法，群平均法の3つを比べてみます．図10.2は，最短距離法，最長距離法，群平均法のイメージ[*2]です．この図からもわかるように，2つの小さいクラスターをより大きなクラスターにまとめていく際のクラスター間の距離にも，複数の距離の測り方が存在します[*3]．

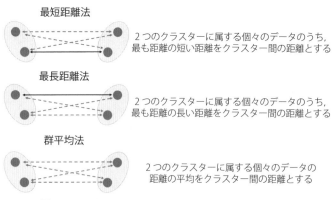

図 10.2　最短距離法，最長距離法，群平均法のイメージ

ここでは，階層型クラスター分析を用いて，中古和文における「個人文体」と「ジャンル文体」の関係を分析します．文体論の分野では，文体が個人文体とジャンル文体との2つに大別されることが従来広く認められてきました(陳，2012)．ここでいう個人文体とは，「森鷗外の文体」や「川端康成の文体」というものを指し，ジャンル文体とは，「新聞の文体」や「公用文の文体」といったものを指します．

本節では，紫式部が書いた物語文学『源氏物語』第1部の「桐壺」と「若紫」(いずれも紫の上系物語)と第3部の「橋姫」と「夢浮橋」(宇治十帖の最初の

[*2] この図は，『本当に使えるようになる多変量解析超入門』(加藤，2013)の図を参考にしています．

[*3] もちろん，ここに挙げた方法以外にも，個々のデータ間の距離やクラスター間の距離を測る方法は多く存在します．階層型クラスター分析の詳細については，クラスター分析に関する専門書(Anderberg, 1973；Romesburg, 1984)などを参照してください．

巻と最後の巻），同じく紫式部が書いた日記文学『紫式部日記』，さらに，菅原孝標女が書いた『更級日記』における助詞・助動詞の使用傾向を解析することで，書き手による文体差とジャンルによる文体差の関係について検討します[4]。分析対象に『更級日記』を含めたのは，個人文体とジャンル文体の関係，いいかえれば，書き手による言語的特徴の違いとジャンルによる言語的特徴の違いの関係を明らかにするために，紫式部以外の手によるテキストが必要であるからです。なお，菅原孝標女は『源氏物語』を愛読していたとされ，『更級日記』の文体も『源氏物語』の強い影響を受けているといわれています（上野，1991；上野，1994）。また，助詞と助動詞を変数に選んだ理由は，日本語が膠着語[5]であり，助詞や助動詞が表現の論理や情緒を表すにあたって重要な働きを持っているからです（此島，1971）。特に，助詞の使い方には，書き手の文体的特徴が顕著に現れるとされており（金，2002），歴史的資料を対象とする著者推定の研究においても極めて有効な文体指標となります（上阪・村上，2013）。

　図10.3は，『源氏物語』の4つの巻（桐壺，若紫，橋姫，夢浮橋），『紫式部日記』，『更級日記』における助詞・助動詞の使用頻度を変数とする階層型クラスター分析を行った結果です[6]。テキストの距離の計算には，値が小さく差が少ないデータ同士に対しても非常に感度が高いとされているキャンベラ距離（Gordon, 1999）を用いました。また，クラスター間の距離の計算には，クラスターの各値からその質量中心までの距離を最小化するため，他の距離関数に比べて分類感度が高いとされているウォード法（Anderberg, 1973）を用いました[7]。

　階層型クラスター分析の結果として得られる図10.3のような図を**樹形図**，もしくは**デンドログラム**といいます。樹形図では，2つのテキストの距離（非類似度）は，それらのテキストを結ぶ線の長さと対応しています。図10.3を見る

---

[4] このデータの詳細については，拙論「中古和文における個人文体とジャンル文体—多変量解析による歴史的資料の文体研究」（小林・小木曽，2013）を参照。

[5] 膠着語とは，形態論における言語分類の1つで，実質的な意味を持つ単語（名詞など）と文法的な役割を持つ単語（助詞など）が結びつくことで，様々な文法的機能が果たされる言語を指します。

[6] ここでは，Rのdist関数とhclust関数を用いました。

[7] ウォード法にはユークリッド距離を用いるのが一般的ですが（Romesburg, 1984），計量文献学の分野ではキャンベラ距離とウォード法の組み合わせを用いることもあります（金，2009b）。

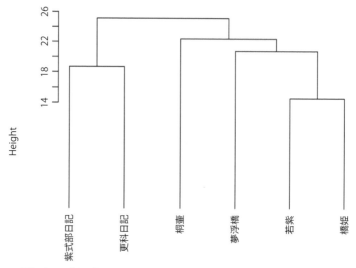

図 10.3 階層型クラスター分析による中古和文テキストのグループ化

と，日記文学である『紫式部日記』と『更級日記』が1つのクラスター（グループ）を形成しており，4つの物語文学が別のクラスターを形成しています。つまり，今回の分析結果からは，日記文学と物語文学では助詞・助動詞の使用傾向が異なるという結論が得られます。いいかえれば，本節で分析したデータセットに関しては，個人文体（書き手による文体差）よりもジャンル文体（ジャンルによる文体差）の方が大きな影響力を持っているということです。

なお，個々の助詞・助動詞の使用傾向を詳細に調べてみると，日記文学には格助詞が顕著で，物語文学には助動詞が顕著であることなどがわかります（小林・小木曽，2013）。

10.2 対応分析

テキストをグループ化するだけでなく，個々のテキストと変数の関係を知りたい場合は，**対応分析**と呼ばれる手法を用いることが多いです。対応分析は，クロス集計表に含まれる複雑な情報を少数の成分（次元）に圧縮し，それらの成分の関係を2次元の散布図などでわかりやすく可視化するための手法です。

10.2 対応分析

データの構造を可視化することでテキスト間の関係や変数間の関係を直感的に把握することが可能になります (Glynn, 2014)。

対応分析の原理は，クロス集計表における行データと列データの関連の強さを測り，それを強調して表現することです[*8]。関連の強さを強調するというのは，統計的には行データと列データの相関を最大化することを意味します。図10.4 は，クロス集計表における相関最大化のイメージです[*9]。この図の左側の表における行と列の配列を組み替えて，右側の表のように「1」ができるだけ対角線上に集中的に並べることを目指します。そのような並び替えを行うことで，行データと列データが互いに強く関連し合う視点を作り出します。

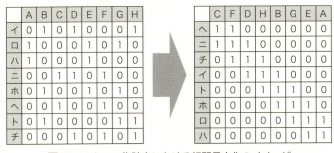

図 10.4 クロス集計表における相関最大化のイメージ

図 10.4 における行データと列データの並び替えは比較的シンプルなものですが，行や列の数が増えると行データと列データの対応関係が複雑になり，1 回の並び替え（第 1 次元の抽出）だけでは，データ全体の情報を縮約しきれません。そのため，2 回目，3 回目の並び替え（第 2 次元，第 3 次元の抽出）を行うことになります。その後，それぞれの並び替え結果に基づいて行と列それぞれのデータの関係を座標として表します。そして，その座標を用いて，個々のデ

[*8] ここでいう行データとは，クロス集計表の行側に並んだデータのことで，後段の表 10.2 における「竹取物語」や「古今和歌集」などを指します。また，列データは，列側に並んだデータのことで，表 10.2 における「A_サテ」や「A_その他」などを指します。なお，対応分析の数理については，統計学の教科書 (e.g., 宮川・青木, 2018) などを参照。

[*9] ここでは，「0」と「1」の 2 種類しか含まれないデータとなっていますが，他の値をとるデータであっても，考え方は同じです。

144　第 10 章　データをグループ化する

ータの関係を散布図などで可視化することができます*10)。

　ここでは，接続表現の頻度を変数とする対応分析を用いて，中古資料をクラスタリングします。分析対象とするテキストは，『竹取物語』，『古今和歌集』，『伊勢物語』，『土左日記』（土佐日記），『大和物語』，『平中物語』，『落窪物語』，『枕草子』，『和泉式部日記』，『源氏物語』，『紫式部日記』，『堤中納言物語』，『更級日記』，『讃岐典侍日記』の 14 作品です。また，対応分析の変数には，「A_ サテ」，「A_ その他」，「B_ 全体」，「C_ カカリ系」，「C_ サリ系」という 5 つのカテゴリーに分類される接続表現の頻度を用います。表 10.1 は，本節の分析で採用している接続表現の分類をまとめたものです。

表 10.1　中古資料における接続表現の分類（岡﨑，2015）

カテゴリー	接続表現
A_ サテ	サテ
A_ その他	マタ，アルイハ，タダシ，ソエニ，スナハチ，サハレ
B_ 全体	コノアヒダニ，コノユエニ，ココニ，ココヲモチテ，コレニヨリテ，コレヲモッテ，シカアリトモ，シカアルニ，シカアルヲ，シカアレバ，シカシテ，シカノミナラズ，シカラバ，シカリトイヘドモ，シカルニ，シカルアヒダ，シカルホドニ，シカルモノヲ，シカルヲ，シカレドモ，シカレバ，カレ，カルガユエニ，アルハ，ナラビニ，モッテ，ヨリテ，ユヱハ，ユヱヲモッテ，モシハ，オヨビ，カツ，ハタ
C_ カカリ系	カカラデ，カカラデモ，カカルアヒダニ，カカルウチニ，カカルニ，カカルホドニ，カカルママニ，カカルモ，カカレバ，カカレドモ
C_ サリ系	サラバ，サラズトモ，サラズハ，サラデ，サリケルコロホヒ，サリケルトキニ，サリケルモノヲ，サリケレド，サリケレドモ，サリケレバ，サリナガラモ，サリヌベクハ，サリトテ，サリトテハ，サリトテモ，サリトモ，サルニ，サルニテハ，サルヒテモ，サルニヨリテ，サルホドニ，サルモノカラ，サルヲ，サルハ，サレド，サレドモ，サレバ，サレバトテ，サレバナム

　表 10.2 は，上記の 14 作品における接続表現の頻度を 5 つのカテゴリー別に集計した結果です。なお，表中の頻度は，文数で正規化した頻度です*11)。

---

*10) より多くの情報を散布図で表現するという観点から，通常は第 1 〜 2 次元の結果に基づく 2 次元散布図，あるいは第 1 〜 3 次元の結果に基づく 3 次元散布図を描きます。

*11) 中古の和文は，現代語と比べて 1 文がかなり長いため，語数ではなく文数で正規化しています。

10.2 対応分析   145

表10.2 中古14作品における接続表現の頻度

	A_サテ	A_その他	B_全体	C_カカリ系	C_サリ系
竹取物語	0.34	1.57	0.34	0.87	1.39
古今和歌集	0.00	0.35	0.31	0.03	0.07
伊勢物語	1.11	0.56	0.00	0.22	2.01
土左日記	0.89	2.14	2.13	1.42	0.53
大和物語	2.39	1.48	0.21	0.49	1.41
平中物語	6.31	6.17	0.15	0.46	5.08
落窪物語	0.93	0.52	0.03	0.48	1.12
枕草子	1.21	1.80	0.05	0.02	1.61
和泉式部日記	0.30	0.15	0.00	0.60	1.06
源氏物語	0.55	0.29	0.02	0.04	1.43
紫式部日記	0.00	0.98	0.12	0.00	1.97
堤中納言物語	1.04	0.79	0.00	0.00	2.22
更級日記	0.17	0.36	0.00	0.00	0.53
讃岐典侍日記	0.16	0.65	0.16	0.32	1.30

　そして，図10.5は，表10.2のデータを用いて対応分析を行った結果です[*12)]。この図のような対応分析の結果として得られる散布図では，（変数Xの頻度が高く，変数Yの頻度が低いといった）各変数の頻度パターンが近いテキスト同士が近くに布置され，頻度パターンが異なるテキスト同士は遠くに布置されます。また，各テキストにおける頻度パターンが近い変数同士は近くに布置され，頻度パターンが異なる変数同士は遠くに布置されます。また，原点から引かれた矢印に注目することで，どのテキストにどの変数が顕著に使われているかがわかります[*13)]。

　図10.5を見ると，図の左側に『古今和歌集』と『土左日記』が布置されていて，これら2作品では「B_全体」に分類される接続表現が顕著です。これについては，『古今和歌集』（仮名序）と『土左日記』の作者が同じ紀貫之であるた

[*12)] ここでは，RのFactoMineRパッケージ（https://CRAN.R-project.org/package=FactoMineR）のCA関数を用いました。

[*13)] このようにテキストと変数の両方がプロットされた散布図を**バイプロット**といいます。また，各軸のラベルに書かれている百分率は，各次元の**寄与率**と呼ばれ，それぞれの次元が行と列のデータの関係をどれだけ説明できるものかを表す指標です。

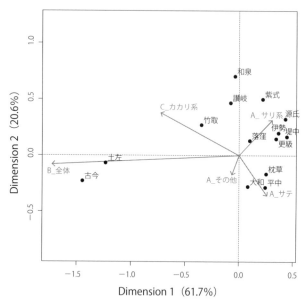

図 10.5 対応分析による中古和文テキストのグループ化

めであると考えられます。また，図の右下に注目すると，『大和物語』や『平中物語』などで「A_サテ」が多く使われていることがわかります。これについては，「歌が詠まれる背景の説明→『サテ』→歌」という歌物語の形式によるものだと考えられます。そして，「C_カカリ系」が『竹取物語』を特徴づけています。これは，『竹取物語』が漢文訓読の影響を受けていることと関係があると予想されます。最後に，『紫式部日記』，『讃岐典侍日記』，『和泉式部日記』が図中で近くに布置されており，同じ日記でも『更級日記』だけが遠くに布置されています。これについて，『更級日記』は作者の旧歌稿ないし家集をもとに晩年に編まれたといわれており，時系列で書き綴っていく他の日記と文体が異なっていると考えられます。ちなみに，「A_その他」の矢印が伸びる方向には作品が存在しません。これは，「A_その他」の用例の大半が「マタ」であり，この単語が『和泉式部日記』を除く全作品に満遍なく用いられているためです[*14]。

[*14] この対応分析の結果については，拙論「中古における接続表現の統計的分析—指示詞を構成要素とするものを中心に」(小林・岡﨑, 2017) で詳しく議論しています。

> コラム

> ## 🔍 系統樹
>
> **系統樹**とは，同系統のグループ内の親子関係を推定し，その結果を樹木の枝分かれに見立てて表現する手法のことです．樹根（樹木の根の部分）がある系統樹を有根系統樹と呼び，樹根がない系統樹を無根系統樹と呼びます[*15]．系統樹による分析は，対応分析などによる可視化と比べて情報量が多く，結果の解釈がしやすいといわれています（矢野，2006）．
>
> 様々な言語の親縁関係を推定する比較言語学の分野や，写本などの系統推定をする文献学の分野で，古くから用いられてきた手法です（安本・野崎，1976）．図10.6は，ヨーロッパの10言語における数詞を比較し，個々の数字を表す単語の語頭の文字が一致しない数を集計したデータ（安本・本多，1978）を用いて，無根系統樹を描いた結果です[*16]．
>
>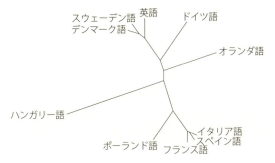
>
> **図10.6** 10言語の無根系統樹
>
> 図10.6の系統樹を見ると，大まかに，ロマンス語系のフランス語，イタリア語，スペイン語が図の左下にクラスターを形成し，ゲルマン語系の英語，ドイツ語，オランダ語，デンマーク語，スウェーデン語が図の上にクラスターを形成していることがわかります．
>
> 理論的にいうと，系統樹は，現在の状態から過去の状態を復元する系統推定の

[*15] 有根系統樹は，階層型クラスター分析の樹形図とほぼ同じものとなります．
[*16] ここでは，Rのdist関数，hclust関数，apeパッケージ（https://CRAN.R-project.org/package=ape）のas.phylo関数を用いました．また，言語間の距離を測る際はユークリッド距離，クラスタリングを行う際は群平均法を使いました．

ための可視化であり，単なるクラスタリングとは異なるという立場もあります（三中，1997）。その意味で，図 10.6 の系統樹は，単に各言語をグループ化しているのではなく，言語の進化と分岐の過程を推定しているとみなすこともできるでしょう。

10.3 トピックモデル

本節では，近年の言語研究で注目を集めている**トピックモデル**について説明します。トピックモデルとは，テキストに含まれるトピックを推定する手法です。トピックモデルにも様々な手法がありますが，ここでは，**潜在的ディリクレ配分法**（latent Dirichlet allocation：LDA）を紹介します。LDA では，テキストに複数の潜在的なトピックが含まれていて，1 つのトピックには複数の特徴的な単語が含まれていると仮定します[17]。ただし，原則として，分析の対象とするテキストがいくつのトピックから成り立っていると仮定するかは分析者が決めなければなりません[18]。図 10.7 は，LDA のイメージです。

図 10.7 では，分析対象のテキストデータに「政治」，「経済」，「科学」という 3 つのトピックが含まれていて，それぞれのトピックを特徴づける単語のリストが示されています。先ほど「テキストに複数の潜在的なトピックが含まれていて，1 つのトピックには複数の特徴的な単語が含まれていると仮定します」と書きましたが，LDA では「それぞれのテキストを特徴づける複数のトピック」と「それぞれのトピックを特徴づける複数の単語」の両方を推定します[19]。LDA は，アンケートの自由記述や商品のクチコミを分析するときなど，分析データをどのようなカテゴリーに分ければよいかがわからないときに有効です

---

[17] なぜトピックが「潜在的」かというと，トピックは個々の単語のようにテキストの文字列には直接現れていないからです。個々の単語の出現頻度や共起パターンを通して，文字列の背後にあるトピックを見つけるというイメージです。

[18] 階層ディリクレ過程という手法を用いて，トピックの数を統計的に推定する方法も提案されています（岩田，2015）。

[19] LDA の詳細については，トピックモデルの専門書（岩田，2015；佐藤，2015）などを参照してください。

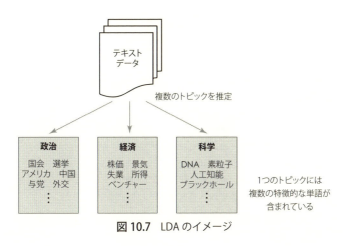

図 10.7 LDA のイメージ

（黒橋・柴田，2016）。

　ここでは，LDA を用いて，平成 20 年版から平成 29 年版までの警察白書のトピック分析をします．本節の分析データは，平成 20 年版から平成 29 年版までの警察白書における「特集に当たって」という文章です．警察白書の構成は毎年ほぼ同じで，その年の特集記事の冒頭に「特集に当たって」という文章が掲載されています[20]．表 10.3 は，平成 20 年版から平成 29 年版までの警察白書の特集をまとめたものです．

　そして，平成 20 年版から平成 29 年版までの警察白書から一般名詞の頻度のみを集計し，LDA に用いる変数とします．白書は他の書き言葉（新聞，雑誌，書籍など）よりもテキスト中の名詞の比率が高いため（冨士池・小西・小椋・小木曽・小磯，2011），名詞の頻度を用いたトピック分析が有効となります．

　表 10.4 は，分析データから 4 つのトピックを抽出し，各トピックを特徴づける単語（上位 5 位まで）を示したものです[21]．各トピックに顕著な単語を見ると，Topic 1 は「グローバル」，Topic 2 は「交通」「事故」，Topic 3 は「サイバ

---

[20] 平成 23 年版には，「特集に当たって」というセクションがありませんでした．この版については，例外的に，2 つの特集の序文を分析対象としました．
[21] ここでは，R の ggplot2 パッケージ（https://CRAN.R-project.org/package=ggplot2）の ggplot 関数を用いました．

150　　　　　　　　　　第 10 章　データをグループ化する

表 10.3　警察白書の特集

版	特　集
平成 20 年版	変革を続ける刑事警察
平成 21 年版	日常生活を脅かす犯罪への取組み
平成 22 年版	犯罪のグローバル化と警察の取組み
平成 23 年版	東日本大震災と警察活動 安全・安心で責任あるサイバー市民社会の実現を目指して
平成 24 年版	大規模災害と警察～震災の教訓を踏まえた危機管理体制の再構築～
平成 25 年版	サイバー空間の脅威への対処 子供・女性・高齢者と警察活動
平成 26 年版	変容する捜査環境と警察の取組
平成 27 年版	組織犯罪対策の歩みと展望
平成 28 年版	国際テロ対策
平成 29 年版	交通安全対策の歩みと展望

ー」「空間」，Topic 4 は「オリンピック」「大会」や「国際」「テロ」に関する
ものであると思われます[22]。また，分析データが警察白書であることを考えれ
ば，「警察」や「犯罪」という単語がすべてのトピックに含まれているのは当然
といえるでしょう。

表 10.4　各トピックを特徴づける単語（上位 5 位まで）

Topic 1	Topic 2	Topic 3	Topic 4
犯罪	警察	サイバー	テロ
警察	交通	警察	国際
グローバル	国民	空間	警察
国民	犯罪	災害	大会
情勢	事故	犯罪	オリンピック

　図 10.8 は，各テキストにおける各トピックの比率を可視化した結果です[23]。

---

[22] 分析データの量や質によっては，LDA の実行結果の解釈が難しいことがあります。また，特定の
トピックだけが解釈できないこともあり得ます。

[23] ここでは，R の topicmodels パッケージ（https://CRAN.R-project.org/package=topicmodels）の
LDA 関数と terms 関数を用いました。

この図を見ると，Topic 1（グローバル）が平成21〜22年，平成27年の白書に含まれていること，Topic 2（交通事故）が平成20年，平成25〜26年，平成29年に含まれていること，Topic 3（サイバー空間）が平成23〜25年に含まれていること，Topic 4（オリンピック大会，国際テロ）が平成28年に含まれていることがわかります。このようなトピックの分布を概観することで，その年に話題になっていた事故や犯罪などをうかがい知ることができます。

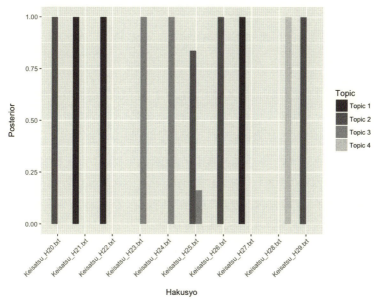

図10.8 各テキストにおける各トピックの比率

最後に，各テキストにおける各トピックの比率のデータを使って，10年分の白書をクラスタリングします。図10.9は，階層型クラスター分析（10.1節を参照）を用いて，10年分の白書をクラスタリングした結果です[*24]。この図を見ると，Topic 1を多く含む平成21年，平成22年，平成27年の白書がクラスター

[*24] ここでは，Rのdist関数とhclust関数を用いました。また，階層型クラスター分析には，キャンベラ距離とウォード法を使いました。

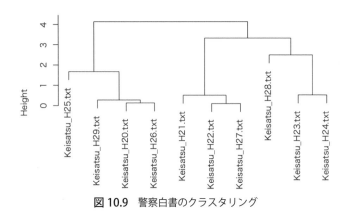

図 10.9　警察白書のクラスタリング

を形成していること，Topic 2 を多く含む平成 20 年，平成 26 年，平成 29 年の白書がクラスターを形成していること，Topic 3 を多く含む平成 23 年と平成 24 年の白書がクラスターを形成していることなどがわかります。

　本節では，トピックモデルで白書に含まれるトピックを推定し，その推定結果に用いて白書をクラスタリングしました。トピックモデルは，白書のみならず，様々なタイプのテキストの分析に適用することが可能で，SNS やオンラインレビューサイトにおけるクチコミの分析など，マーケティングの分野でも注目されています（佐藤，2017）。また近年は，時間情報を考慮した時系列トピックモデルも関心を集めており，インターネット上のニュース記事や SNS におけるバースト現象（特定の話題に関して短時間に大量の投稿が行われること）の解析などに応用されています（高橋・横本・宇津呂・吉岡，2012）。

🔍 word2vec

word2vec は,「共起する単語が似ていれば,類似した意味の単語である」という仮説に基づき,ニューラルネットワークを用いて,大規模コーパスから単語の意味を学習する手法です(西尾,2014)[*25]。そして,ベクトル表現の学習には,特定の単語から周辺の単語を予測する **skip-gram** という方法と,周辺の単語から特定の単語を予測する **CBOW**(continuous bag-of-words)という方法の2種類があります。図10.10は,skip-gram と CBOW のイメージです。

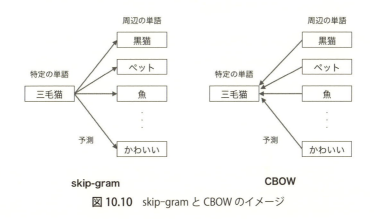

図 10.10 skip-gram と CBOW のイメージ

大規模なデータから word2vec で単語の意味を学習すると,単語同士の足し算や引き算ができるようになります[*26]。たとえば,"king − man + woman = queen" という計算式を導き出した成功例が知られています(Mikolov, Chen, Corrado, & Dean, 2013)[*27]。

[*25] この手法は,高次元(分析データにおける単語数と同じ数の次元)の情報を低次元に埋め込む(圧縮する)ため,word embedding と呼ばれることもあります。また,word2vec を単語レベルだけでなく,文レベルや文書レベルも扱えるように拡張した doc2vec という手法も提案されています(Lau & Baldwin, 2016)。

[*26] word2vec で単語の意味を学習するためのデータとしては,Wikipedia などがよく用いられます。

[*27] ただし,このようにわかりやすい計算式を得るためには,かなり大規模なデータから学習する必要があります。

おわりに

▉— 統計的な分析を行う際の注意点

本書では，計量的な言語研究におけるデータ設計，データ収集，データ分析の方法などを説明しました。近年，自然言語処理や統計処理の技術が急速に発達しており，伝統的に内省に基づく質的なものであった言語研究に大きなパラダイムシフトを起こしつつあります。しかしながら，言語データの統計的分析を行うには，いくつかの点に注意しなければなりません。

第一の注意点は，「データや目的にあった手法を使う」ということです。最近は，コーパスに基づく言語研究の隆盛にともない，統計的分析を用いた研究発表や研究論文が増加しています。しかし，それらの分析の中には，そこで用いられている統計手法が研究の目的やデータと合っていないものも散見されます。人文系の研究者の場合，必ずしも統計を数理的に理解する必要はないという考え方もあるかもしれませんが，「こういうときにはこの手法を使う」，あるいは，「こういうときにこの手法を使ってはいけない」という最低限の知識は必要です。

第二の注意点は，「できるだけシンプルな手法で解く」ということです。これは第一の注意点とも関連しますが，より高度な手法を使えばよりよい結果が得られる訳ではありません。最も大切なことは，「どのような問題を解くか」であって，「どのように問題を解くか」ではありません。場合によっては，統計的分析を行うことの是非も含めて，分析のアプローチを熟考すべきです。

第三の注意点は，「統計が万能ではない」ことを理解しておくことです。統計を使ったからといって，何か「新しいこと」や「素晴らしいこと」がわかるとは限りません。たとえば，第1章でも書いたように，明確な目的に基づいて適

おわりに　　155

切に収集されたデータを用いなければ，いくら統計的分析を試みても，解釈不
可能な結果しか得られないことがあります。また，統計的な有意差が実質科学
的な有意差を意味しているとも限りません。実際の研究で求められているのは，
綿密な研究計画を立案する能力と，データ分析の結果を正しく解釈する能力で
す。

■─ 謝　辞

　最後に，本書を出版する機会を与えてくださった朝倉書店に感謝します。ま
た，本書の草稿を丁寧にお読み頂き，貴重なご意見をくださった木村美紀氏と
今滝暢子氏に御礼申し上げます。

　2019 年 8 月

小林　雄一郎

参 考 文 献

Aiden, E., & Michel, J. (2013). *Uncharted: Big data as a lens on human culture*. New York: Riverhead Books.

相澤彰子・内山清子 (2011).「語の共起と類似性」松本裕治 (編)『言語と情報科学』〈シリーズ朝倉 言語の可能性 6〉(pp.58-76). 朝倉書店.

Anderberg, M. R. (1973). *Cluster analysis for applications*. New York: Academic Press.

Archer, J., & Jockers, M. (2016). *The bestseller code: Anatomy of the blockbuster novel*. New York: St. Martin's Press.

Baayen, R. H. (2001). *Word frequency distribution*. Dordrecht: Kluwer Academic Publishers.

Baayen, R. H. (2008). *Analyzing linguistic data: A practical introduction to statistics using R*. Cambridge: Cambridge University Press.

Baker, P., Hardie, A., McEnery, T. (2006). *A glossary of corpus linguistics*. Edinburgh: Edinburgh University Press.

Biber, D. (1993). Representativeness in corpus design. *Literary and Linguistic Computing, 8*(4), 243-257.

Blatt, B. (2017). *Nabokov's favourite word is mauve: The literary quirks and oddities of our most-loved authors*. New York: Simon and Schuster.

Borenstein, M., Hedges, L. V., Higgins, J. P. T., & Rothstein, H. R. (2009). *Introduction to metaanalysis*. Chichester: Wiley.

Breiman, L. (2001). Random forests. *Machine Learning, 45*(1), 5-32.

Breiman, L., Friedman, J. H., Stones, C. J., & Olshen, R. A. (1984). *Classification and regression trees*. Boca Raton: Chapman and Hall.

Brezina, V. (2018). *Statistics in corpus linguistics: A practical guide*. Cambridge: Cambridge University Press.

Chapelle, O., Schölkopf, B., & Zien, A. (Ed.)(2006). *Semi-supervised learning*. Cambridge: The MIT Press.

陳志文 (2012).『現代日本語の計量文体論』〈日本語研究叢書 6〉くろしお出版.

参考文献　　　　　　　　　　　　　157

Church, K., Gale, W., Hanks, P., & Hindle, D. (1991). Using statistics in lexical analysis. In Zernik, U. (Ed.), *Lexical acquisition: Exploring on-line resources to build a lexicon* (pp.115-164). Hillsdale: Lawrence Erlbaum.

Church, K. W., & Hanks, P. (1990). Word association norms, mutual information, and lexicography. *Computational Linguistics, 16*(1), 22-29.

Cohen, J. (1988). *Statistical power analysis for the behavioral sciences.* 2nd edition. Hillsdale: Lawrence Erlbaum.

Dunning, T. (1993). Accurate methods for the statistics of surprise and coincidence. *Computational Linguistics, 19*(1), 61-74.

冨士池優美・小西光・小椋秀樹・小木曽智信・小磯花絵 (2011).「長単位に基づく『現代日本語書き言葉均衡コーパス』の品詞比率に関する分析」『言語処理学会第 17 回年次大会発表論文集』663-666.

冨士池優美・小椋秀樹・小木曽智信・小磯花絵・内元清貴・相馬さつき・中村壮範 (2008).「『現代日本語書き言葉均衡コーパス』の長単位認定基準について」『言語処理学会第 14 回大会発表論文集』931-934.

Gabrielatos, C. (2018). Keyness analysis: Nature, metrics and techniques. In Taylor, C. & Marchi, A. (Eds.), *Corpus approaches to discourse: A critical review* (pp.225-258). Oxford: Routledge.

言語処理学会 (編) (2009).『言語処理学事典』共立出版.

Glynn, D. (2014). Correspondence analysis: An exploratory technique for identifying usage patterns. In D. Glynn & J. A. Robinson (Eds.), *Corpus methods in cognitive semantics: Quantitative studies in polysemy and synonymy* (pp.443-485). Amsterdam: John Benjamins.

Gordon, A. D. (1999). *Classification.* 2nd ed. Boca Raton: Chapman and Hall.

Gries, S. Th. (2013). Testing independent relationships. In Chapelle, C. A. (Ed.), *The encyclopedia of applied linguistics* (pp.5817-5822). Oxford: Wiley-Blackwell.

Gries, S. Th. (2014). Frequency tables: Tests, effect sizes, and explorations. In Glynn, D., & Robinson, J. A. (Eds.), *Corpus methods for semantics: Quantitative studies in polysemy and synonymy* (pp.365-389). Amsterdam: John Benjamins.

林知己夫 (2001).『データの科学』〈データの科学 1〉朝倉書店.

Hoey, M. (2005). *Lexical priming: A new theory of words and language.* London: Routledge.

Hyland, K. (2005). *Metadiscourse: Exploring interaction in writing.* New York: Continuum.

石川慎一郎 (2012).『ベーシックコーパス言語学』ひつじ書房.

石川有香 (2010).「回帰分析―データから説明モデルを作る」石川慎一郎・前田忠彦・山崎誠 (編)『言語研究のための統計入門』(pp.105-136). くろしお出版.

伊藤雅光 (2017).「文章と文体の個性は数ではかれるの?」計量国語学会 (編)『データで学

ぶ日本語学入門』(pp.45-55). 朝倉書店.

岩田具治 (2015).『トピックモデル』〈機械学習プロフェッショナルシリーズ〉講談社.

樺島忠夫・寿岳章子 (1965).『文体の科学』綜芸舎.

金森敬文・竹之内高志・村田昇 (2009).『パターン認識』〈R で学ぶデータサイエンス5〉共立出版.

加藤剛 (2013).『本当に使えるようになる多変量解析超入門』技術評論社.

Kenny, A. (1982). *The computation of style: An introduction to statistics for students of literature and humanities.* Oxford: Pergamon Press.

Kilgariff. A., & Grefensette, G. (2003). Introduction to the special issue on web as corpus. *Computational Linguistics, 29*(3), 333-347.

金明哲 (2002).「助詞の n-gram モデルに基づいた書き手の識別」『計量国語学』*23*(5), 225-240.

金明哲 (2009a).「文章の執筆時期の推定―芥川龍之介の作品を例として」『行動計量学』*36*(2), 89-103.

金明哲 (2009b).『テキストデータの統計科学入門』岩波書店.

金明哲 (2017).『R によるデータサイエンス―データ解析の基礎から最新手法まで (第2版)』森北出版.

Kincaid, J. P., Fishburne, R. P., Rogers, R. L., & Chissom, B. S. (1975). *Derivation of new readability formulas (Automated Readability Index, Fog Count and Flesch Reading Ease Formula) for navy enlisted personnel.* Millington: Naval Technical Training, U. S. Naval Air Station, Memphis, Tennessee.

Kline, R. B. (2004). *Beyond significance testing: Reforming data analysis methods in behavioral research.* Washington, DC: American Psychological Association.

小林雄一郎 (2012).「データ解析環境 R による言語の類型化」笹原健・野瀬昌彦 (編)『日本語と X 語の対照2―外国語の眼鏡をとおして見る日本語』(pp.1-12). 三恵社.

小林雄一郎 (2013a).「言語統計の基礎 (前編)―頻度差の検定」『研究社 WEB マガジン Lingua』2013 年 11 月号. http://www.kenkyusha.co.jp/uploads/lingua/prt/13/Kobayashi-Yuichiro1311.html

小林雄一郎 (2013b).「言語統計の基礎 (後編)―共起尺度」『研究社 WEB マガジン Lingua』2013 年 12 月号. http://www.kenkyusha.co.jp/uploads/lingua/prt/13/KobayashiYuichiro1312.html

小林雄一郎 (2013c).「教師あり学習と教師なし学習を用いた芥川龍之介と太宰治の計量文体分析」田畑智司 (編)『統計学的マイニング技術を応用したテクスト研究』(統計数理研究所共同研究リポート No. 298) 3-13.

小林雄一郎 (2015).「コーパス言語学研究における頻度差の検定と効果量」『外国語教育メディア学会 (LET) 関西支部メソドロジー研究部会報告論集』*6*, 85-95.

Kobayashi, Y. (2016). Investigating metadiscourse markers in Asian Englishes: A corpus-based approach. *Language in Focus: International Journal of Studies in Applied Linguistics and ELT, 2*(1), 19-35.

小林雄一郎 (2017a). 『R によるやさしいテキストマイニング』オーム社.

小林雄一郎 (2017b). 『R によるやさしいテキストマイニング［機械学習編］』オーム社.

小林雄一郎 (2017c). 『仕事に使えるクチコミ分析―テキストマイニングと統計学をマーケティングに活用する』技術評論社.

小林雄一郎 (2018). 『R によるやさしいテキストマイニング［活用事例編］』オーム社.

Kobayashi, Y., & Abe, M. (2016). Automated scoring of L2 spoken English with random forests. *Journal of Pan-Pacific Association of Applied Linguistics, 20*(1), 55-73.

Kobayashi, Y., Amagasa, M., & Suzuki, T. (2017). Investigating the chronological variation of popular song lyrics through lexical indices. *Journal of the Japanese Association for Digital Humanities, 2*(1), 90-107.

小林雄一郎・小木曽智信 (2013). 「中古和文における個人文体とジャンル文体―多変量解析による歴史的資料の文体研究」『国立国語研究所論集』6, 29-43.

小林雄一郎・岡﨑友子 (2017). 「中古における接続表現の統計的分析―指示詞を構成要素とするものを中心に」『国立国語研究所論集』13, 65-77.

向後千春・冨永敦子 (2007). 『統計学がわかる』〈ファーストブック〉技術評論社.

此島正年 (1971). 「源氏物語の助詞」山岸徳平・岡一男（編）『源氏物語講座 第7巻 表現・文体・語法』(pp.266-293). 有精堂出版.

工藤拓 (2018). 『形態素解析の理論と実装』近代科学社.

黒橋禎夫・柴田知秀 (2016). 『自然言語処理概論』サイエンス社.

Lau, J. H., & Baldwin, T. (2016). An empirical evaluation of doc2vec with practical insights into document embedding generation. *Proceedings of the 1st Workshop on Representaion Learning for NLP*, 78-86.

Levshina, N. (2015). *How to do linguistics with R: Data exploration and statistical analysis.* Amsterdam: John Benjamins.

Lijffijt, J., Nevalainen, T., Säily, T., Papapetrou, P., Puolamäki, K., & Mannila, H. (2016). Significance testing of word frequencies in corpora. *Literary and Linguistic Computing, 31*(2), 374-397.

Liu, B. (2015). *Sentiment analysis: Mining opinions, sentiments, and emotions.* Cambridge: Cambridge University Press.

牧野貴樹・澁谷長史・白川真一 編 (2016). 『これからの強化学習』森北出版.

Malvern, D. D., Richards, B. J., Chipere, N., & Durán, P. (2004). *Lexical diversity and language development: Quantification and assessment.* Hampshire: Palgrave Macmillan.

McEnery, T., & Hardie, A. (2011). *Corpus linguistics: Method, theory and practice.* Cambridge: Cambridge University Press.

McEnery, T., Xiao, R., & Tono, Y. (2006). *Corpus-based language studies: an advanced resource book.* London: Routledge.

Meng, X. (2018). Statistical paradises and paradoxes in big data (I): Law of large populations, big data paradox, and the 2016 US presidential election. *The Annals of Applied Statistics, 12* (2), 685-726.

Mikolov, T., Chen, K., Corrado, G., & Dean, J. (2013). Efficient estimation of word representations in vector space. *Proceedings of ICLR 2013 workshop.*

三中信宏 (1997). 『生物系統学』東京大学出版会.

宮川雅巳・青木敏 (2018). 『分割表の統計解析—二元表から多元表まで』〈統計ライブラリー〉朝倉書店.

水本篤・竹内理 (2008). 「研究論文における効果量の報告のために—基礎的概念と注意点」『英語教育研究』*31,* 57-66.

水本篤・竹内理 (2011). 「効果量と検定力分析入門—統計的検定を正しく使うために」『外国語教育メディア学会 (LET) 関西支部メソドロジー研究部会 2010 年度部会報告論集』47-73.

村上征勝 (2004). 『シェークスピアは誰ですか？—計量文献学の世界』文春新書.

村本理恵子 (2007). 『Web2.0 時代のネット口コミ活用 book —バズ・マスターになるための 50 のテクニック』ダイヤモンド社.

永田靖・吉田道弘 (1997). 『統計的多重比較法の基礎』サイエンティスト社.

Nation, I. S. P. (2001). *Learning vocabulary in another language.* Cambridge: Cambridge University Press.

西尾泰和 (2014). 『word2vec による自然言語処理』オライリー・ジャパン.

Oakes, M. P. (1998). *Statistics for corpus linguistics.* Edinburgh: Edinburgh University Press.

小椋秀樹・小木曽智信・小磯花絵・冨士池優美・相馬さつき (2007). 「『現代日本語書き言葉均衡コーパス』の短単位解析について」『言語処理学会第 13 回大会発表論文集』720-723.

岡﨑友子 (2015). 「中古和文における接続表現について」近藤泰弘・田中牧郎・小木曽智信 (編) 『コーパスと日本語史研究』(pp.71-92). ひつじ書房.

奥村晴彦 (2016). 『R で楽しむ統計』〈Wonderful R 1〉共立出版.

大名力 (2012). 『言語研究のための正規表現によるコーパス検索』ひつじ書房.

Patterson, J., & Gibson, A. (2017). *Deep learning: A practitioner's approach.* Sebastopol: O'Reilly.

Rayson, P., Berridge, D., & Francis, B. (2004). Extending the Cochran rule for the comparison of word frequencies between corpora. In Purnelle, G., Fairon, C., & Dister, A. (Eds.), *Le poids des mots: Proceedings of the 7th International Conference on Statistical Analysis of Textual Data (JADT 2004)*, vol.2 (pp.926-936). Louvain-la-Neuve:

Presses universitaires de Louvain.

Romesburg, H. C. (1984). *Cluster analysis for researchers*. Belmont: Lifetime Learning Publications.

齊藤俊雄・中村純作・赤野一郎（編）(2005).『英語コーパス言語学―基礎と実践』(改訂新版) 研究社.

佐々木拓郎 (2016).『データを集める技術―最速で作るスクレイピング＆クローラー』SB クリエイティブ.

笹野遼平・飯田龍 (2017).『文脈解析―述語項構造・照応・談話構造の解析』〈自然言語処理シリーズ 10〉コロナ社.

佐藤弘和・浅野弘輔 (2013).『ソーシャルメディアクチコミ分析入門―Twitter／ブログ／掲示板…に秘められた生活者が本当に求めるものの見つけ方』SB クリエイティブ.

佐藤一誠 (2015).『トピックモデルによる統計的潜在意味解析』〈自然言語処理シリーズ 8〉コロナ社.

佐藤圭 (2017).「マーケティング研究におけるトピックモデルの適用に関する一考察」『経営研究』 *68*(3), 125-148.

佐藤義治 (2009).『多変量データの分類―判別分析・クラスター分析』〈多変量データの統計科学 2〉朝倉書店.

下川敏雄・杉本知之・後藤昌司 (2013).『樹木構造接近法』〈R で学ぶデータサイエンス 9〉共立出版.

Silberzahn, R., Uhlmann, E. L., Martin, D. P., Anselmi, P., Aust, F., Awtrey, E., ... Nosek, B. A. (2018). Many analysts, one data set: Making transparent how variations in analytic choices affect results. *Advances in Methods and Practices in Psychological Science, 1*, 337-356.

Smadja, F. (1993). Retrieving collocations from text. *Computational Linguistics, 19*(1), 143-177.

Stefanowitsch, A., & Gries, S. Th. (2003). Collostructions: Investigating the interaction of words and constructions. *International Journal of Corpus Linguistics, 8*(2), 209-243.

Stubbs, M. (2001). *Words and phrases: Corpus studies of lexical semantics*. Oxford: Blckwell.

高橋佑介・横本大輔・宇津呂武仁・吉岡真治 (2012).「時系列ニュースにおけるトピックのバーストの同定」『言語処理学会第 18 回年次大会発表論文集』175-178.

高村大也 (2010).『言語処理のための機械学習入門』〈自然言語処理シリーズ 1〉コロナ社.

東京大学教養学部統計学教室（編）(1991).『統計学入門』〈基礎統計学 I〉東京大学出版会.

東京大学教養学部統計学教室（編）(1992).『自然科学の統計学』〈基礎統計学 III〉東京大学出版会.

Tsukamoto, S. (2004). Quantifying diachronic change: Part of speech analysis from early modern to modern English. *English Corpus Studies, 11,* 19-36.

鶴岡慶雅・宮尾祐介 (2017).『構文解析』〈自然言語処理シリーズ 9〉コロナ社.

上野英二 (1991).「更級日記と文学史」『成城國文學論集』*21,* 1-36.

上野英二 (1994).「菅原孝標女と源氏物語」『成城國文學論集』*22,* 1-27.

上阪彩香・村上征勝 (2013).「井原西鶴の『万の文反古』の文体分析」『情報処理学会研究報告』*2013-CH-98*(4), 1-8.

Wasserstein, R. L. (2016). The ASA's statement on *p*-values: Context, process, and purpose. *The American Statistician, 70*(2), 129-133.

山崎誠・前川喜久雄 (2014).「コーパスの設計」山崎誠 (編)『書き言葉コーパス―設計と構築』〈講座日本語コーパス 2〉(pp.1-21). 朝倉書店.

矢野環 (2006).「文化系統学―歴史を復元する」村上征勝 (編)『文化情報学入門』〈文化情報学ライブラリ〉(pp.36-48). 勉誠出版.

安本美典・本多正久 (1978).『日本語の誕生』〈日本語叢書〉大修館書店.

安本美典・野崎昭弘 (1976).『言語の数理』〈数理科学シリーズ 13〉筑摩書房.

吉田寿夫 (1998).『本当にわかりやすいすごく大切なことが書いてあるごく初歩の統計の本』北大路書房.

財津亘 (2019).『犯罪捜査のためのテキストマイニング―文章の指紋を探り,サイバー犯罪に挑む計量的文体分析の手法』共立出版.

索　引

数字・欧文

5値要約　53
100％積み上げ棒グラフ　64

A PDTB-Styled End-to-End
　Discourse Parser　34
AntConc　89

BART（Beautiful Anaphora
　Resolution Toolkit）　34
BCCWJ（Balanced Corpus of
　Contemporary Written
　Japanese）　7
BNC（British National
　Corpus）　6
BoE（Bank of English）　6
Bonferroni 補正　83
BootCaT　12

CaboCha　28
CasualConc　99
Charniak Parser　27
ChaSen　25
CHJ（Corpus of Historical
　Japanese）　7
COCA（Corpus of
　Contemporary
　American English）　65
COHA（Corpus of Historical

American English）　7
Collins Online Dictionary
　61
Cramér の V　86
CSJ（Corpus of Spontaneous
　Japanese）　7

Fisher の正確確率検定　82
FLOB（Freiburg-LOB
　Corpus of British
　English）　7
Frown（Freiburg-Brown
　Corpus of American
　English）　7
F 値　136

Gini 係数　129
Google Books Ngram
　Viewer　61
Google Drive　9
Google Trends　51
Google フォーム　10
Guiraud 指数　41

ICNALE（International
　Corpus Network of
　Asian Learners of
　English）　89

Juman　25

KH Coder　34
KNP　28

LightPDF　15

MeCab　25
mi　18
MVR　66
Mwisoft Word to Text
　Converter　15

n-gram　38
NICT JLE Corpus　134
NWJC（NINJAL Web
　Japanese Corpus）　13

Penn Treebank タグセット
　26
Project Gutenberg　11
Python　11

R　11
Ruby　11

Shift-JIS　16
Sketch Engine　13
SPADE（Sentence-level
　Parsing for Discouvse）
　34
Speech to Text　9
Stanford Deterministic

索　引

Coreference Resolution System　34
Stanford Parser　27
Sublime Text　18

TenTen Corpus　13
TF-IDF　70, 99
TreeTagger　26
T スコア　108

User Local　32, 69
UTF-8　16

WaC（Web as Corpus）　13
Web 茶まめ　25
WinCha　23
word2vec　153

XML（Extensible Markup Language）　15

Zipf の法則　35
z スコア　96

ϕ 係数　86
χ^2 検定　76
χ^2 値　78
χ^2 分布　79

ア　行

青空文庫　11
アノテーション　8
アンサンブル学習　133

異語数　40
異語率　41
意味解析　29

ウォード法　141

円グラフ　63

オッズ比　85
帯グラフ　64
折れ線グラフ　61
音声認識　9

カ　行

回帰　113
階層型クラスター分析　138
過学習　126
係り受け解析　27
書き言葉コーパス　7
確率密度　80
仮説検定　75
感情分析　32

機械学習　112
記述統計学　73
期待値　77
基本形の復元　23
帰無仮説　75
キャンベラ距離　141
共起強度　104
共起語　37
共起ネットワーク　71
共起頻度　101
共起有意性　106
教師あり学習　113
共時的コーパス　7
教師なし学習　113
寄与率　145

句構造解析　27
クチコミ分析　72
クラスター分析　138
クラスタリング　139
クロス集計表　65
クローリング　11

群平均法　140
訓練データ　113

形態素解析　22
系統樹　147
決定木　128
決定係数　122
言語情報つきコーパス　8
検定統計量　75
検定の多重性　83

語彙の多様性　41
光学文字認識　9
効果量　84
交差検証法　126
構文解析　27
語義曖昧性解消　30
異なり語数　40
コーパス　3
コーパス言語学　3
誤判別率　131
固有表現抽出　30
コリゲーション　111
コロケーション　111
コロストラクション　111
混同行列　127

サ　行

差異係数　89
再現率　136
最小2乗法　117
最小値　45
最大値　45
最短距離法　140
最長距離法　140
サクラエディタ　18
散布図　66
サンプリング　4
サンプルコーパス　6

索　引

サンプルサイズ　83

自然言語処理　22
実測値　77
四分位数　50
四分位範囲　53
四分位偏差　50, 53
自由度　81
樹形図　141
述語項構造解析　30
照応解析　33

推測統計学　73
スクレイピング　11

正規表現　19
正判別率　127, 136
説明変数　114
線形回帰分析　114
線形重回帰分析　114
線形単回帰分析　114
線形判別分析　124
潜在的ディリクレ配分法
　　148

層化無作為抽出法　5
相関係数　118
相互情報量　105
総語数　40
相対頻度　42

タ　行

第1種の誤り　83
第2種の誤り　83
対応分析　142
対数　36, 93
対数尤度比　107
対数尤度比検定　82
ダイス係数　104

代表性　3
タイプ　41
タイプ・トークン比　41
対立仮説　75
タグつきコーパス　8
多重共線性　120
多重比較　82
多変量解析　117
単回帰分析　112
探索的データ解析　56
単純頻度　42
単純無作為抽出法　4
短単位　25
談話構造解析　33
談話的韻律　111

中央値　49
中心語　37
長単位　25
著作権　14

通時的コーパス　7

ディープラーニング　9
適合率　136
テキストアーカイブ　4
テキストアナリティクス　i
テキストエディタ　18
テキスト整形　18
テキストファイル　15
テキストマイニング　i
データサイエンス　i
データマイニング　i
デンドログラム　141

特殊目的コーパス　6
特徴語抽出　88
トークン　41
ドットプロット　135
トピックモデル　148

ナ　行

延べ語数　40

ハ　行

バイプロット　145
箱ひげ図　59
外れ値　49
話し言葉コーパス　7
範囲　45
汎用目的コーパス　6

非階層型クラスター分析
　　138
ヒストグラム　56
非線形回帰分析　114
ビッグデータ　i
秀丸エディタ　18
評価表現辞書　30
標準偏差　47
評判分析　29
比例配分法　5
品詞情報の付与　23
頻度集計　34
頻度集計表　34

フェアユース　14
ブートストラップ検定　92
プレーンテキストコーパス
　　8
分散　47
分類　114

平均単語長　45
平均値　44
平均文長　44
変数選択　120

棒グラフ　70
母集団　2

マ　行

マンハッタン距離　139

名詞率　66
メタキャラクタ　19
目的変数　114

モザイクプロット　65

文字コード　16
モニターコーパス　6

ヤ　行

有意差　80
有意水準　75
ユークリッド距離　139

ラ　行

ランダムフォレスト　132

リーダビリティ　123
リネーム君　17

ワ　行

分かち書き　23
ワードクラウド　69
ワードファミリー　41

著者略歴

こ ばやしゆう いち ろう
小 林 雄 一 郎

2012 年　大阪大学大学院言語文化研究科博士後期課程修了
現　在　日本大学生産工学部助教
　　　　博士（言語文化学）
主　著　『R によるやさしいテキストマイニング』（オーム社，2017 年）
　　　　『R によるやさしいテキストマイニング［機械学習編］』（オーム社，
　　　　2017 年）
　　　　『仕事に使えるクチコミ分析―テキストマイニングと統計学をマー
　　　　ケティングに活用する』（技術評論社，2017 年）
　　　　『R によるやさしいテキストマイニング［活用事例編］』（オーム社，
　　　　2018 年）

ことばのデータサイエンス　　　　　定価はカバーに表示

2019 年 9 月 1 日　初版第 1 刷

著　者	小 林 雄 一 郎
発行者	朝 倉 誠 造
発行所	株式会社 朝 倉 書 店

東京都新宿区新小川町 6-29
郵 便 番 号　　162-8707
電　話　03（3260）0141
F A X　03（3260）0180
http://www.asakura.co.jp

〈検印省略〉

ⓒ 2019〈無断複写・転載を禁ず〉　　　　　　教文堂・渡辺製本

ISBN 978-4-254-51063-8　C 3081　　　Printed in Japan

JCOPY〈出版者著作権管理機構　委託出版物〉
本書の無断複写は著作権法上での例外を除き禁じられています．複写される場合は，
そのつど事前に，出版者著作権管理機構（電話 03-5244-5088，FAX 03-5244-5089，
e-mail: info@jcopy.or.jp）の許諾を得てください．

京大 定延利之編
私たちの日本語研究
―問題のありかと研究のあり方―
51046-1 C3081　　　　　　A 5 判 184頁 本体2200円

「日本語」はこんなに面白い。「私たち」が何気なく話して書いて読んでいる「日本語」は，学問的な目線で見るとツッコミどころ満載である。『私たちの日本語』に続き，「面白がる」ことで，日本語学の今日的なテーマを洗い出す。

計量国語学会編集
データで学ぶ日本語学入門
51050-8 C3081　　　　　　A 5 判 168頁 本体2600円

初学者のための「計る」日本語学入門。いまや現象を数量的に考えるのはあたりまえ。日本語も，まずは，数えてみよう。日本語学と統計，両方の初心者に，ことばをデータに置き換えるのは決して難しくないことを解説。

農工大 畠山雄二編
最新 理論言語学用語事典
51055-3 C3580　　　　　　A 5 判 496頁 本体7400円

「言語学はいったいどこに向かっているのか」 80-90年代のような言語学の大きな潮流・方向性が見えない時代と世界。それでも，言語学が「行くべき道」は見えなくもない。その道を知るために必要となる言語学の最先端全200項目をそれぞれ2ページで解説する。言語学の巨大な森を見渡す事典。〔内容〕認知言語学，機能文法，ミニマリスト・プログラム，形式意味論，言語獲得，生物言語学，主要部駆動句構造文法，言語哲学，日本語文法，構文文法。

前都立大 中島平三編
ことばのおもしろ事典
51047-8 C3580　　　　　　B 5 判 324頁 本体7400円

身近にある"ことば"のおもしろさや不思議さから，多彩で深いことば・言語学の世界へと招待する。〔内容〕I.ことばを身近に感じる（ことわざ／ことば遊び／広告／ジェンダー／ポライトネス／育児語／ことばの獲得／バイリンガル／発達／ど忘れ，など） II.ことばの基礎を知る（音韻論／形態論／統語論／意味論／語用論） III.ことばの広がりを探る（動物のコミュニケーション／進化／世界の言語・文字／ピジン／国際語／言語の比較／手話／言語聴覚士，など）

前東北大 佐藤武義・前阪大 前田富祺編集代表
日 本 語 大 事 典
【上・下巻：2分冊】
51034-8 C3581　　　　　　B 5 判 2456頁 本体75000円

現在の日本語をとりまく環境の変化を敏感にとらえ，孤立した日本語，あるいは等質的な日本語というとらえ方ではなく，可能な限りグローバルで複合的な視点に基づいた新しい日本語学の事典。言語学の関連用語や人物，資料，研究文献なども広く取り入れた約3500項目をわかりやすく丁寧に解説。読者対象は，大学学部生・大学院生，日本語学の研究者，中学・高校の日本語学関連の教師，日本語教育・国語教育関係の人々，日本語学に関心を持つ一般読者などである。

前都立大 中島平三編
言 語 の 事 典 （新装版）
51045-4 C3581　　　　　　B 5 判 760頁 本体19000円

言語の研究は，ここ半世紀の間に大きな発展を遂げてきた。言語学の中核的な領域である音や意味，文法の研究の深化ばかりでなく，周辺領域にも射程が拡張され，様々な領域で言語の学際的な研究が盛んになってきている。一方で研究は高度な専門化と多岐な細分化の方向に進んでおり，本事典ではこれらの状況をふまえ全領域を鳥瞰し理解が深められる内容とした。各章でこれまでの研究成果と関連領域の知見を紹介すると共に，その魅力を図表を用いて平明に興味深く解説した必読書。

国立国語研 前川喜久雄編 講座 日本語コーパス 1 # コーパス入門 51601-2 C3381　　　　　A5判 196頁 本体3400円	国立国語研究所で行われている日本語コーパスのプロジェクトに基づき，日本語コーパスとは何か，その構築から研究での利用・活用までを概観し，日本語学，言語学での統計学的アプローチを解説する。シリーズ全体を俯瞰する1冊。
国立国語研 前川喜久雄監修　国立国語研 山崎 誠編 講座 日本語コーパス 2 # 書き言葉コーパス ―設計と構築― 51602-9 C3381　　　　　A5判 164頁 本体3000円	BCCWJを中心に，「書き言葉」コーパスの設計と準備，サンプリング，電子化，アノテーションの方法と過程を解説する。『太陽コーパス』や『明六雑誌コーパス』ほか，近代以前の歴史コーパスについての解説も併せて収録する。
国立国語研 前川喜久雄監修　国立国語研 小磯花絵編 講座 日本語コーパス 3 # 話し言葉コーパス ―設計と構築― 51603-6 C3381　　　　　A5判 200頁 本体3400円	「話し言葉」の持つ特殊性を克服し，コーパスとしての要件に見合うよう収集，データの処理，アノテーションを行う過程を概説する。近年のツールの充実を踏まえ，Praatによる音声分析，ELANによる映像分析の方法を巻末に収録。
国立国語研 前川喜久雄監修　明大 田中牧郎編 講座 日本語コーパス 4 # コーパスと国語教育 51604-3 C3381　　　　　A5判 216頁 本体3700円	日本語コーパスを基盤データーベースとして国語教育に活用するための研究。アプローチを概説。国語教育分野で用いられる各コーパスの特徴，語彙教育，作文教育，漢字教育，国語政策についての研究事例を紹介。付録に語彙表の作り方を収録。
国立国語研 前川喜久雄監修　前筑波大 砂川有里子編 講座 日本語コーパス 5 # コーパスと日本語教育 51605-0 C3381　　　　　A5判 216頁 本体3700円	BCCWJ研究日本語教育班による，日本語教育へのコーパス活用研究の成果を紹介。〔内容〕検索の方法/教育語彙表/類義表現分析/日本語教科書分析/作文支援/コーパス検索/正規表現とコーパス/他のコーパスとの比較。
国立国語研 前川喜久雄監修　阪大 田野村忠温編 講座 日本語コーパス 6 # コーパスと日本語学 51606-7 C3381　　　　　A5判 192頁 本体3400円	日本語の研究におけるコーパス利用のさまざまなアプローチの可能性と注意点を具体的な研究事例とともに解説する。巻末にコーパスとしてのインターネットの利用とコーパス処理プログラミングの初歩に関する解説を収録。
国語研 前川喜久雄監修 千葉大 伝　康晴・日大 荻野綱男編 講座 日本語コーパス 7 # コーパスと辞書 51607-4 C3381　　　　　A5判 224頁 本体3800円	自然言語処理と日本語学における，コーパスと辞書の研究の最前線を詳しく解説する。〔内容〕言語研究のための電子化辞書/異なる粒度での語の解析/複合辞/コロケーションの辞書記述/コーパスを利用した辞書記述の試み/他
国立国語研 前川喜久雄監修 奈良先端大 松本裕治・東工大 奥村 学編 講座 日本語コーパス 8 # コーパスと自然言語処理 51608-1 C3381　　　　　A5判 192頁 本体3400円	自然言語処理の手法・技術がコーパスの構築と運用に果たす役割を各方面から解説。〔内容〕コーパスアノテーション/形態素解析・品詞タグ付与・固有表現解析/統語解析/意味解析/語彙概念と述語項構造/照応解析・文章構造解析/他
大正大 伊藤雅光著 # Jポップの日本語研究 ―創作型人工知能のために― 51054-6 C3081　　　　　A5判 216頁 本体3200円	Jポップの歌詞を「ことば」として計量的な分析にかけていくことで，その変遷や様々な特徴を明らかにしつつ，研究の仕方を示し，その成果をもとに人工知能にラブソングを作らせることを試みる。AIは一人で恋の歌を歌えるのか？
前都立大 中島平三監修　奈良先端大 松本裕治編 シリーズ朝倉〈言語の可能性〉6 # 言語と情報科学 51566-4 C3381　　　　　A5判 216頁 本体3800円	言語解析のための文法理論から近年の統計的言語処理に至る最先端の自然言語処理技術，近年蓄積が進んでいるコーパスの現状と言語学への関連，文責処理，文書検索，大規模言語データを対象とする幅広い応用について，最新の成果を紹介。

森　篤嗣編著　森　篤嗣・田中祐輔・
中俣尚己・奥野由紀子・建石　始・岩田一成著
コーパスで学ぶ日本語学

日 本 語 教 育 へ の 応 用

51655-5　C3381　　　　　A5判　164頁　本体2400円

日本語教育は「何を」教えるべきなのか。主観をサポートするコーパスの使い方と応用を丁寧に解説する。〔内容〕総説／日本語教材の分析／文型とコロケーション／学習者話し言葉コーパス／学習者書き言葉コーパス／対照言語学的分析／付録

群馬大 河内昭浩編

新しい古典・言語文化の授業
―コーパスを活用した実践と研究―

51061-4　C3081　　　　　A5判　208頁　本体3000円

言葉の使用例の集積である「コーパス」を活用した古典の教え方を解説する。新学習指導要領対応。〔内容〕言語文化とは何か／現代とつながる『枕草子』の言葉／発話から出会う『源氏物語』の人々／コーパスから語彙集，文法表をつくる／他

山形大 Mark Irwin・山形大 Matthew Zisk著

The Japanese Language（英語で学ぶ日本語学）I

Japanese Linguistics（日本語学）

51681-4　C3381　　　　　A5判　304頁　本体4800円

全編英文の日本語学の教科書。〔内容〕Phonology & Phonetics／Grammar & Syntax／Orthography & Writing／Lexicon & Word Formation／Language & Society／Language Contact & Dialects／Education, Research & Policy

---

明大 田中牧郎編
シリーズ〈日本語の語彙〉7

現　　代　　の　　語　　彙
―男女平等の時代―

51667-8　C3381　　　　　A5判　208頁　本体3700円

女性の地位が向上しインターネットで未曾有の変化を続ける現代の語彙を探る。〔内容〕性差／待遇場面／外来語／商品命名／作家の語彙創造／アニメキャラクター／Jポップ／テレビ放送／ネット集団語／医療／司法／やさしい日本語／国語政策

宮城教大 西原哲雄編著
朝倉日英対照言語学シリーズ〔発展編〕4

英 語 教 育 と 言 語 研 究

51634-0　C3380　　　　　A5判　180頁　本体3200円

英語教育に関わる基礎的研究をもとに，英語教育を言語研究と関連づけ発展的内容を概説。〔内容〕英語教育と言語教育とは／なぜ音声研究の視点が重要か／語彙習得研究／文理解／コミュニケーション研究／第二言語習得研究／評価研究

統計科学研 牛澤賢二著

やってみよう テキストマイニング
―自由回答アンケートの分析に挑戦！―

12235-0　C3041　　　　　A5判　180頁　本体2700円

アンケート調査の自由回答文を題材に，フリーソフトとExcelを使ってテキストデータの定量分析に挑戦。テキストマイニングの勘所や流れがわかる入門書。〔内容〕分析の手順／データの事前編集／形態素解析／抽出語の分析／文書の分析／他

慶大 中妻照雄著
実践Pythonライブラリー

Pythonによる **ベイズ統計学入門**

12898-7　C3341　　　　　A5判　224頁　本体3400円

ベイズ統計学を基礎から解説，Pythonで実装。マルコフ連鎖モンテカルロ法にはPyMC3を活用。〔内容〕「データの時代」におけるベイズ統計学／ベイズ統計学の基本原理／様々な確率分布／PyMC／時系列データ／マルコフ連鎖モンテカルロ法

Theodore Petrou著　　黒川利明訳

pandas ク ッ ク ブ ッ ク
―Pythonによるデータ処理のレシピ―

12242-8　C3004　　　　　A5判　384頁　本体4200円

データサイエンスや科学計算に必須のツールを詳説。〔内容〕基礎／必須演算／データ分析開始／部分抽出／booleanインデックス法／インデックスアライメント／集約，フィルタ，変換／整然形式／オブジェクトの結合／時系列分析／可視化

USCマーシャル校 落海　浩・神戸大 首藤信通訳

Rによる 統 計 的 学 習 入 門

12224-4　C3041　　　　　A5判　424頁　本体6800円

ビッグデータに活用できる統計的学習を，専門外にもわかりやすくRで実践。〔内容〕導入／統計的学習／線形回帰／分類／リサンプリング法／線形モデル選択と正則化／線形を超えて／木に基づく方法／サポートベクターマシン／教師なし学習

筑波大 大手塚太郎著

し く み が わ か る 深 層 学 習

12238-1　C3004　　　　　A5判　184頁　本体2700円

深層学習（ディープラーニング）の仕組みを，ベクトル，微分などの基礎数学から丁寧に解説。〔内容〕深層学習とは／深層学習のための数学入門／ニューラルネットワークの構造を知る／ニューラルネットワークをどう学習させるか／他

上記価格（税別）は 2019 年 8 月現在